DAS BUDGETRECHT
DES
KÖNIGREICHES SACHSEN

VON

DR. IUR. ET PHIL. FELIX VON SCHROEDER

LEIPZIG
VERLAG VON VEIT & COMP.
1906

Leipziger juristische Inauguraldissertation.

Druck von Metzger & Wittig in Leipzig.

MEINER MUTTER

Inhalt.

§ 1.

Einleitung.

Das Budgetrecht ist im Verlaufe der letzten Jahrzehnte der Gegenstand eines großen wissenschaftlichen Streites gewesen, und wenn sich auch heute die Wogen dieses Kampfes etwas geglättet haben, so kann man doch durchaus nicht sagen, daß es bereits zu einer Abklärung dieser Streitfrage gekommen wäre, und nach wie vor stehen sich die Anhänger verschiedener Lehren gegenüber, ohne einen Ausgleich zwischen ihren entgegengesetzten Meinungen zu finden.

Bei diesem Streite ist verschiedentlich die Behauptung aufgetaucht, es beständen innerhalb der deutschen Verfassungen zwei große Gegensätze, die sich gerade im Budgetrecht besonders scharf ausprägten. Die eine Richtung sollten die Verfassungen Preußens, des Reiches und einer großen Reihe kleinerer deutscher Staaten [1] darstellen, während die andere ihren Hauptvertreter in der bayerischen Verfassungsurkunde fände, zu der sich die sächsische u. a. [2] gesellten.

FRICKER [3] hat diesen Unterschied als solchen zwar nicht wissenschaftlich erörtert, aber er setzt ihn als bekannt voraus und arbeitet mit den Gegensätzen zwischen preußischer und bayerischer Verfassung. [4] Auch GNEIST [5] setzt diesen Unterschied als bekannt

---

[1] So Württemberg, Baden, Oldenburg, Sachsen-Koburg-Gotha, Anhalt, Schwarzburg-Rudolst., Schwarzburg-Sondersh., Schaumburg-Lippe, Waldeck.

[2] Hessen, Sa.-Meiningen, Sa.-Weimar, Sa.-Altenburg, Reuß ä. L.

[3] Natur der Steuerverwilligung. Tüb. Ztschft. Bd. 17.

[4] A. a. O. S. 688, wo es z. B. heißt: „Von einer Feststellung des Etats durch Gesetz ist in Bayern keine Rede.“ Vgl. Pr. VU. Art. 99. — Vgl. auch FRICKER, Gesetz u. Budget, Tüb. Ztschft. Bd. 50 S. 401.

[5] Gesetz u. Budget, 1879, S. 140.

voraus und behauptet, die Verfassungen der deutschen Mittel- und Kleinstaaten beruhten „auf einer Mischung älterer Grundsätze von landständischer Steuerbewilligung mit modernen, hauptsächlich den französischen Verfassungen entlehnten Grundsätzen vom Budget“. SEIDLER[1] lehnt sich in diesem Punkte an GNEIST an. Er sagt, die Verfassungen der deutschen Mittel- und Kleinstaaten zwischen 1815 und 1830 hätten sich die französische von 1814 zum Vorbild genommen, die preußische Verfassungsurkunde hingegen sei bei der Regelung ihres Budgetrechts der belgischen gefolgt.[2]

Fehlte es demnach in der älteren Literatur nicht an Hinweisen auf diesen Gegensatz, so war doch SEYDEL der erste, der in seinem Bayerischen Staatsrecht von zwei Gruppen in den deutschen Verfassungen redete. „Die geschichtliche Anknüpfung,“ heißt es dort,[3] „ist nicht in allen deutschen Verfassungen eine gleich unmittelbare, sie tritt mit voller Deutlichkeit nur in jenen Verfassungen zutage, nach welchen das Zustimmungsrecht des Landtages auf die Bewilligung von Steuern, auf das Finanz- oder Steuergesetz beschränkt, nicht aber auf das Budget ausgedehnt ist. Bei einer anderen Gruppe von Verfassungen dagegen haben fremde Vorbilder und politische Lehrmeinungen Einfluß auf die Gestaltung des Budgetrechts gewonnen. Jene Vorbilder sind zunächst die Verfassungen Belgiens und Frankreichs, mittelbar auch Englands gewesen.“ Und weiter[4]: „Aber trotz der Gemeinschaft der geschichtlichen Wurzel sind beide Systeme der Gestaltung des Budgetrechts staatsrechtlich so verschieden, daß jedes dieser Systeme eine wissenschaftliche Behandlung für sich fordert. — Schon ein flüchtiger Vergleich zeigt, daß, was vom Standpunkte der einen staatsrechtlichen Ordnung aus zweifelloser Rechtssatz ist, vom Standpunkte der anderen Rechtsordnung aus die schwierigste Streitfrage sein kann.“ Auch in SEYDELS übrigen Schriften, die die Lehre vom Budgetrecht behandeln,[5] vertritt der Verfasser

---

[1] Budget u. Budgetrecht, 1885.

[2] A. a. O. S. 226. Vgl. a. S. 229, 236.

[3] SEYDEL, Bayerisches Staatsrecht, 1885, IV. Bd. S. 291.

[4] A. a. O. S. 292.

[5] Das Budgetrecht des bayer. Landtages u. das Verfassungsverständnis

dieselbe Meinung, wobei er immer davon ausgeht, daß nach bayrischem Staatsrechte das Budget auch formell kein Gesetz sei. Viel schärfer spricht sich HÄNEL[1] über die beiden Richtungen in den deutschen Verfassungen aus, ohne allerdings irgend einen Beweis für seine Behauptung zu erbringen. Auch ZORN,[2] LABAND[3] und JELLINEK[4] folgen der SEYDELschen Auffassung. In neuester Zeit hat VAN CALKER[5] diesen Unterschied wieder nachdrücklich hervorgehoben. „Als Repräsentant des einen Typus," sagt er u. a.[6], „welchem mit Ausnahme von Sachsen-Weimar vornehmlich die älteren Verfassungen des 19. Jahrhunderts, darunter diejenigen aller größeren deutschen Mittelstaaten angehören, erscheint die bayerische Verfassung, usw.". Er entwirft dann zur Charakterisierung dieses Typus in Anlehnung an SEYDEL einen Abriß des bayerischen Budgetrechts[7], läßt aber alle größeren deutschen Mittelstaaten weiterhin unerwähnt. Das Wesen des Unterschiedes in den Verfassungen findet auch er darin, daß in Bayern und, wie man aus der angeführten Stelle folgern muß, in den deutschen Mittelstaaten den Ständen nicht das Recht der Zustimmung zum Budget, das Recht der Budgetfeststellung, gewährt sei, sondern daß das Budgetrecht dieser Gruppe sich in der Hauptsache auf das Steuerbewilligungsrecht beschränke, während der preußisch-deutsche Typus das Budgetrecht „auf dem in der Gesetzesform des Budgets zum Ausdruck gelangenden Ausgabenbewilligungsrechte" fußen lasse.[8]

Der Hauptunterschied dieser beiden Gruppen soll also, wie behauptet wird, in ihrer Auffassung vom Rechte der Volksver-

---

von 1843, 1887, S. 14. — Über Budgetrecht, 1889, S. 12. — Vgl. a. Kommentar zur ReichsV., 1897, S. 386.

[1] Das Gesetz im formellen und materiellen Sinne, 1888, S. 292: „Nur die kompendiarische Gedankenlosigkeit kann es unternehmen, das Budgetrecht beider Typen auf ein und denselben juristischen Leisten zu schlagen."

[2] ZORN in HIRTHS Annalen, 1889, S. 368.

[3] LABAND, Staatsrecht, II. Bd. Anh. S. 1003.

[4] JELLINEK, Art. Budgetrecht i. Hwbch. d. Staatswsch. II. Bd. S. 1171.

[5] VAN CALKER, Badisches Budgetrecht, 1901.

[6] A. a. O. S. 2.

[7] A. a. O. S. 4 flg.

[8] A. a. O. S. 17.

tretungen zur Mitwirkung am Zustandekommen des Staatshaushaltsetats liegen. Während die eine Gruppe sich eng an das historische Steuerbewilligungsrecht anlehne und auch der verfassungsmäßigen Volksvertretung nichts als ein Steuerbewilligungsrecht gebe, worin allerdings das Zugeständnis enthalten ist, in gewissem Umfange auf den Staatshaushaltsetat einzuwirken, habe sich die andere Gruppe, vor allem Preußen und das Reich, mit ihren Verfassungen an das belgisch-französische Recht angelehnt, woher auch die Bestimmung rühre, daß das Budget durch ein Gesetz zustande kommen soll.

In Rücksicht auf die wichtigen Folgerungen, die aus dieser Bestimmung zu ziehen sind und auf die besonders Laband aufmerksam gemacht hat, dessen verdienstliche Schriften vieles zur Klärung der wissenschaftlichen Streitfragen über das Budgetrecht beigetragen haben, erscheint es begreiflich, daß alle diejenigen, die in jener Bestimmung eine zweischneidige und in ihren Folgen dem Staate höchst gefährliche Gesetzesvorschrift erblickten, mit besonderer Genugtuung auf die bayerisch-sächsische Gruppe der Verfassungen hinwiesen, die das Wort „Gesetz“ in ihren Vorschriften über den Staatshaushaltsetat vermieden hatten. Es ist nicht zu leugnen, daß z. B. Seydel mit einem gewissen Stolze auf das bayerische Budgetrecht hinweist, das seines Erachtens gesetzgeberisch bedeutend höher steht als das des Deutschen Reiches.[1]

Mit der Aufstellung solch reiner Typen pflegt es aber in der Regel nicht viel auf sich zu haben. Auch die preußische Verfassung hat unleugbar Beziehungen zum historischen Steuerbewilligungsrechte, und ihr Zusammenhang mit der belgischen Verfassung, an dem ja etwas Wahres sein mag, und den Zorn mit besonderem Nachdrucke betont,[2] ist noch bis heute nicht nachgewiesen.[3] Auf der anderen Seite hat die Gruppe der bayerisch-sächsischen Verfassungen durchaus nicht alle die Vorzüge, die man in ihnen zu finden glaubt, und auch hier ist die Gefahr einer Budgetlosigkeit nicht ausgeschlossen.

---

[1] Seydel, Kommentar z. RV. S. 386.
[2] Zorn in Hirths Annalen, 1889, S. 373, 374.
[3] Laband, Staatsrecht II. Bd. Anh. S. 998.

Es fehlt in der Literatur auch keineswegs an Vertretern, die von dieser grundsätzlichen Scheidung der deutschen Verfassungen in zwei Gruppen nichts wissen wollen. ZÖPFL kennt diesen Unterschied nicht,[1] und GEORG MEYER sagt:[2] „Die Grundsätze über Aufstellung und Bedeutung des Etats sind für alle deutschen Staaten wesentlich gleichartig; insbesondere besteht kein durchgreifender Unterschied zwischen derjenigen Staatengruppe, welche den Etat formell als Gesetz behandelt, und derjenigen, in welcher nur ein Steuergesetz erlassen, das Budget dagegen lediglich durch eine innere Vereinbarung zwischen Regierung und Landtag festgestellt wird[3].“ Auch OTTO MEYER[4] erkennt den Gegensatz in seinem vollen Umfange nicht an und sagt gegenüber HÄNELS Lehre von den zwei Gruppen: „Es sollen das ‚grundsätzlich verschiedene Typen‘ sein. Der Unterschied berührt aber den Kern nicht und ist auch äußerlich nicht so groß, nicht einmal in dem Punkte, der HÄNEL so wichtig ist, in der tatsächlichen Verwendung der Gesetzesform.“ Zuletzt hat REHM[5] das Vorhandensein zweier Verfassungsgruppen in der Frage der Mitwirkung des Parlamentes bei der Budgetfeststellung entschieden in Abrede gestellt und für die bayerische Verfassung nachgewiesen, daß nach ihren Bestimmungen das Parlament nicht nur ein Prüfungs-, sondern auch ein Zustimmungsrecht bei der Feststellung des Budgets habe,[6] und daß das vereinbarte Budget auch in Bayern Gesetz sei.[7]

Damit wäre für einen wichtigen Repräsentanten der bayerisch-sächsischen Gruppe SEYDELS und HÄNELS das Kennzeichen weggefallen, das ihn hauptsächlich von der preußisch-deutschen unterscheiden sollte. Aber auch nach sächsischem Staatsrechte liegen

---

[1] ZÖPFL, Grundsätze d. deutsch. Staatsr., 1863, II. T. S. 392, 393.

[2] GEORG MEYER, Deutsch. Staatsrecht § 205, S. 752, 753.

[3] Der gleichen Meinung ist ZELLER, STENGELS Wbch. d. Verwaltungsr. 2. Bd. S. 506.

[4] OTTO MEYER, Deutsch. Verwaltungsr. 1. Bd. S. 384 Anm. 14.

[5] REHM, Budgetrecht des bayerischen Landt., in HIRTHS Annalen 1901, S. 641 flg.

[6] A. a. O. S. 642.

[7] A. a. O. S. 669. — Vgl. die Bemerkung v. ANSCHÜTZ in G. MEYERS D. Staatsrecht § 205, S. 753 Anm. 3.

die Verhältnisse wesentlich anders, als jene Einordnung der sächsischen Verfassung in die bayerisch-sächsische Gruppe ergibt, wie ja auch Georg Meyer die Verfassung des Königreichs Sachsen in dieser Hinsicht nicht auf eine Linie mit der bayerischen gesetzt wissen will.[1]

Erstes Kapitel.

Das Budget im allgemeinen.

§ 2.

I. Begriff von Budget und Budgetrecht.

Bevor wir der Frage, wie sich Budget und Budgetrecht nach sächsischem Verfassungsrechte gestalten, näher treten können, bedarf es notwendig einer Feststellung der beiden Grundbegriffe, um die es sich hierbei handelt. Erst wenn dies im allgemeinen geschehen ist, können wir uns einer Betrachtung des Budgetrechts im Lichte der sächsischen Verfassung zuwenden.

Der Begriff Budget ist nicht juristischer, sondern wirtschaftlicher Natur. In jeder größeren Wirtschaft muß in bestimmten Zeitabschnitten ein Haushaltsplan aufgestellt werden, eine Übersicht über die Einnahmen und Ausgaben in der künftigen Wirtschaftsperiode, um die Einnahme- und Ausgabeposten einander anzupassen und dadurch erst eine geordnete Führung der Wirtschaft zu ermöglichen. Diese Übersicht oder Aufstellung nennt man Budget. Sie wird sich je nach dem Umfange der Wirtschaft bald kleiner, bald größer gestalten. Man hat also unter Budget den Wirtschaftsplan zu verstehen, der den Voranschlag der Einnahmen und Ausgaben einer Wirtschaft, sei es eines einzelnen, sei es einer Gemeinschaft wie Gemeinde und Staat, für eine künftige Wirtschaftsperiode enthält. Er besteht aus Übersichten, Rubriken, Zahlen und hat mit dem

---

[1] Georg Meyer, Staatsrecht § 205, S. 752 Anm. 1.

Rechte in erster Linie nichts zu tun.[1] Das wichtigste Budget ist das des Staates als der größten Wirtschaft innerhalb des Volkskörpers. Im folgenden bezeichnen wir sein Budget, den Staatshaushaltsplan, Staatshaushaltsetat oder kurz Etat genannt, als Budget[2] schlechthin.

Aus der Natur des Budgets als eines Voranschlages folgt, daß die einzelnen Zahlen und Summen, die darin aufgeführt sind und die man aus der Erfahrung gewinnt, nur den Charakter von Schätzungen haben können. Eine Ausnahme davon machen solche Einstellungen, die auf Grund von Gesetzen oder Verträgen von vornherein der Höhe nach bestimmte sind.[3] Nicht ohne Absicht bezeichnet darum auch das sächsische Gesetz, den Staatshaushalt betreffend, vom 1. Juli 1904 in § 1 den Staatshaushaltsetat als den Voranschlag der Einnahmen und Ausgaben des Staates.[4]

Zu einem Rechtsbegriffe gelangt man erst mit dem Worte „Budgetrecht", das seine Entstehung der neuern Doktrin verdankt. Wir verstehen darunter den Inbegriff von Rechtssätzen, die sich im konstitutionellen Staate auf die Regelung der Staatseinnahmen und -ausgaben innerhalb einer Finanzperiode beziehen. Die Einstellung z. B. von Steuereinnahmen in das Budget ist an und für sich ein Akt der

---

[1] Vgl. Fricker, Gesetz und Budget S. 402. — Laband, Budgetrecht n. d. Pr. VU. 1871, S. 13. — Staatsrecht, II. Bd. S. 939.

[2] Nach Brockhaus besteht das Budget „in dem Voranschlag der in einer gewissen Zeit, für welche der Wirtschaftsplan entworfen wird, zu erwartenden Einnahmen, in der vorläufigen Feststellung der in dieser bestimmten Zeit eintretenden Bedürfnisse und in der Vorausberechnung und Festsetzung der zur Befriedigung dieser Bedürfnisse erforderlichen Ausgaben." Stengels Wbch. des Verwaltungsr, 2. Bd. S. 479.

[3] Fricker, Natur der Steuerverwilligung, S. 639 flg. — Vgl. Opitz, Staatsrecht des Königr. Sachsen, 1887, II. Bd., S. 108. — Seidler, Budget und Budgetrecht, S. 37, findet das Wesen des Staatsvoranschlags in der Berechnung und, wo diese nicht möglich ist, in der Schätzung der zur Erfüllung der Staatszwecke in einer bevorstehenden Finanzperiode erforderlichen Ausgaben, sowie der zur Deckung derselben zu erwartenden Einnahmen und in der Bilanzierung beider. — Seydel, Kommentar zur RV. S. 387.

[4] Vgl. Löbe, Handbuch d. sächs. Etat-, Kassen- u. Rechnungswesens, 1904, S. 671 Anm. 1.

Regierung, die den Haushaltsplan des Staates aufstellt, und darum kommt ihm keinerlei Wirkung nach außen zu. Erst mit der rechtlichen Befugnis der Regierung zur Steuererhebung gewinnt er Bedeutung für jedermann. In den Staaten mit ständischer Ausgabenbewilligung erlangt die in den Etat eingestellte Ausgabe noch nicht mit der Einstellung bereits eine rechtliche Bedeutung. Diese gewinnt sie vielmehr erst mit der Zustimmung des Parlamentes zu dieser Ausgabe. Das Budgetrecht begreift also „die Art und Weise des Zustandekommens des Finanzgesetzes, die Bedingungen der Erhebung von Steuern und anderen Auflagen und die Kontrolle der dem Finanzgesetz gemäß zu führenden Verwaltung" in sich.[1] Seine Quellen findet es in Gewohnheits- und gesetztem Rechte und bei diesem in erster Linie in den Verfassungsurkunden.

Bei unserer Begriffsbestimmung haben wir bis jetzt das Wort Budgetrecht im objektiven Sinne gefaßt. Viel häufiger wird es im subjektiven gebraucht, in dem Budgetrecht das Recht der Volksvertretung zur Mitwirkung am Zustandekommen des Staatshaushaltsetats und ihr Recht zur Kontrolle über die Führung des Staatshaushaltes durch die Regierung gemäß dem Etat bedeutet.[2] In diesem Butgetrecht der Volksvertretung kann man das alte Steuerbewilligungsrecht der Ständeverfassung, allerdings in stark umgebildeter Form, erkennen. Wenn aber Jellinek behauptet, „das Budgetrecht der zuerst konstitutionelle Formen annehmenden Staaten Süd- und Mitteldeutschlands ist in erster Linie ein Steuerbewilligungsrecht",[3] so können wir uns diesem Satze in seiner Allgemeinheit und Geltung für die heutigen Verhältnisse nicht anschließen und müssen insbesondere das Königreich Sachsen davon ausnehmen, wie weiter unten des näheren dargelegt werden soll.

---

1 Jellinek, Budgetrecht i. Hwbch. d. Staatswsch. II. Bd. S. 1164.

2 Ähnlich Opitz II S. 101.

3 Jellinek, Budgetrecht i. Hwbch d. Staatswsch. II. Bd. S. 1171.

2. Das sächsische Budget.

§ 3.

a) Allgemeines.

Das Königreich Sachsen gehört unter die deutschen Staaten, die bereits vor den Jahren 1848/49 eine Verfassung erhielten. Sein Budgetrecht lehnt sich sichtbar an die altständische Finanzgebarung an, indem nach der Verfassungsurkunde vom 4. September 1831 den Ständen hauptsächlich ein Steuerbewilligungsrecht, sowie eine Kontrolle über die Staatseinnahmen und -ausgaben der abgelaufenen Finanzperiode zugebilligt wurde. Erst allmählich entwickelten sich diese Rechte zu einem Budgetrecht im heutigen Sinne, zu einer tatsächlichen Mitwirkung der Stände am Zustandekommen des Staatshaushaltsetats.

Über Einrichtung und formelle Erfordernisse des sächsischen Budgets gibt die Verfassungsurkunde nur geringe Auskunft. In dieser Beziehung hat sich aber im Laufe der Jahre die Praxis sowohl der Regierung, als auch der Ständekammern feste Normen geschaffen.[1] Ihnen fehlte jedoch die gesetzliche Unterlage, und nur das Rechnungswesen war bisher durch eine Verordnung (vom 6. Dezember 1879) geregelt worden. Erst das Gesetz, den Staatshaushalt betreffend, vom 1. Juli 1904 hat diese Grundlagen gebracht, die sich in der Hauptsache der bisherigen Praxis anschließen.

In der Verfassungsurkunde kommen verschiedene Ausdrücke für den Staatshaushaltsetat vor. Man kann aus ihr keine gesetzliche Vorschrift über die Benennung des Etats ableiten. Sie gebraucht die Ausdrücke „Budget“[2] und „Staatsbudget“,[3] deren sich auch die Praxis lange bedient hat, aber auch die Worte „Voranschlag“[4] und „Staatshaushaltsplan“.[5] Seit 1880/81 gebrauchte man in der Praxis den Ausdruck „Staatshaushaltsetat“, wie in Preußen und im Deutschen Reiche, den auch das Gesetz vom 1. Juli 1904 angenommen hat.[6]

[1] Opitz II S. 109, 119.
[2] VU. § 22 Abs. 4, § 23 Abs. 1, § 106.
[3] VU. § 22 Abs. 5.
[4] VU. § 98.
[5] Ges. v. 5. Mai 1851, § 3 Überschrift (VU. § 98).
[6] § 1. — Vgl. Fricker, Sächs. Staatsrecht, 1891, S. 221; Löbe, Staatshaushalt Sachsens, 1889, S. 18; ders., Handbuch S. 2.

Die Aufstellung des Staatsbedarfs in einem Voranschlage kann in der Weise erfolgen, daß man in den Einnahmeetat nur den Reinertrag der Einnahmen einstellt, d. h. die Einnahmesummen, die sich nach Abzug der Verwaltungskosten ergeben und für die Staatsbedürfnisse zur Verfügung stehen, während man in den Ausgabeetat die Ausgaben nach Abzug irgendwelcher Einkünfte und Gebühren aufführt (Nettobudget). Oder man stellt die Einnahme- und Ausgabesummen in ihrer ursprünglichen Höhe ohne Abzug jener Betriebs-, Erhebungs- und Verwaltungskosten, sowie die Einkünfte und Gebühren in den Haushaltsplan ein und gelangt so zu einem Bruttoetat. Während jene Art des Budgets ungleich übersichtlicher ist, gewährt der Bruttoetat einen Einblick in die Verwaltungs- und Erhebungskosten und erleichtert die Kontrolle. Er entspricht damit besser der konstitutionellen Staatsverfassung und hat daher auch fast überall den älteren Nettoetat verdrängt.

In Sachsen ist die Entwicklung in der Weise vor sich gegangen, daß bis zur Finanzperiode 1837/39 der Etat in seinem Einnahmeabschnitte ein Nettoetat, in seinem Ausgabeabschnitte ein Bruttoetat war. Von diesem Zeitpunkte an wurde der Staatsvoranschlag zum reinen Nettobudget. Seit der Finanzperiode 1880/81 ist jedoch dieser Standpunkt wieder verlassen worden, indem man bei jedem Betriebs- und Verwaltungszweige, bei dem sowohl Einnahmen als Ausgaben vorkommen, beide besonders veranschlagte.[1] Aber man ging damit doch nicht zum reinen Bruttoetat über. Vielmehr vereinigt seither der sächsische Etat das Wesen des Brutto- und Nettobudgets in sich. Denn neben der Veranschlagung von Einnahmen und Ausgaben in den einzelnen Kapiteln nach dem Bruttoertrage wird dem ordentlichen Staatshaushaltsetat eine Hauptübersicht vorangeschickt, die einen vollständigen Überblick über die Einnahmen und Ausgaben des Etats gewährt.[2]

[1] Löbe, Staatshaushalt S. 24, 25.

[2] Löbe, a. a. O. S. 34, 36. — Opitz II S. 109 Anm. 8, S. 120. — In gleicher Weise vereinigt auch der Etat des Deutschen Reiches die Vorzüge des Brutto- und Nettoetats in sich (Laband, Staatsrecht II. Bd. S. 945).

§ 4.

b) Aufstellung und Vorlegung des Etats.[1]

Wie in Preußen[2] und im Deutschen Reiche[3] ist es auch nach sächsischem Rechte Sache der Regierung, den Etat den Kammern vorzulegen. Er wird im Finanzministerium auf Grund der Vorarbeiten in den einzelnen Ressortministerien ausgearbeitet und zusammengestellt. Das Gesamtministerium hat ihn alsdann zu beraten,[4] d. h. wie LÖBE sagt, darüber zu beschließen, „ob und inwieweit die Einzelaufstellungen vom Standpunkte der Einheitlichkeit der Staatsverwaltung aus oder im Hinblick auf die allgemeine Finanzlage des Staates aufrecht erhalten bleiben können".[5] Der König beschließt sodann über den Entwurf und läßt ihn als Königliches Dekret den Ständen zugehen.

Die Verfassungsurkunde sagt über den Hergang der Aufstellung und Vorlegung nichts ausdrücklich. § 98 VU. bestimmt:

> „Bei jedem ordentlichen Landtage ... wird den Ständen ... ein Voranschlag des Staatsbedarfs für die zwei nächstfolgenden Jahre nebst den Vorschlägen zu dessen Deckung möglichst bald nach Eröffnung des Landtags mitgeteilt."

In Verbindung hiermit ist

> „den Ständen eine genaue Berechnung über Einnahme und Ausgabe in der vorletzten Finanzperiode"

zu übermitteln. Unter „vorletzter" Finanzperiode ist diejenige zu verstehen, die der beim Zusammentritt des Landtags ablaufenden vorhergegangen ist.[6] Durch diese Mitteilung soll den

---

[1] FRICKER, S. Staatsrecht S. 221. — OPITZ II S. 107, 108. — LEUTHOLD, Staatsrecht Sachsens, 1884, S. 237 II.

[2] SCHULZE, Staatsrecht Preußens, 1884, S. 104.

[3] LABAND, Staatsrecht II. Bd. S. 938 flg.

[4] VO. v. 7. Novbr. 1831, 4 G 4: „Dem Gesamtministerium gebühren ... die Beratung über das Staatsbudget, dessen Zusammenstellung jedoch dem Finanz-Ministerio zukommt."

[5] LÖBE, Staatshaushalt S. 19. Vgl. Handbuch S. 4.

[6] Diese Bestimmung hat erst § 3 d. Ges. v. 5. Mai 1851 in die VU. gebracht. Ursprünglich sprach § 98 von der Mitteilung einer Berechnung der Einnahme und Ausgabe in der ablaufenden Finanzperiode.

Ständen der neue Etat erläutert werden. Zum gleichen Zwecke werden nach § 99 VU. ihnen

> „sowohl von der obersten Staatsbehörde, als auch auf ihren Antrag von den betreffenden Departementschefs die nötigen Erläuterungen gegeben, sowie Rechnungen und Belege mitgeteilt.“

Gleichzeitig mit dem Etat wird der Entwurf des Finanzgesetzes für die nächste Etatperiode den Ständen vorgelegt. Darin sind einerseits die Gesamtbeträge der Überschüsse und Zuschüsse aufgeführt, anderseits werden darin die Steuern und Abgaben bestimmt, die zur Deckung des ordentlichen Staatsbedarfs erforderlich sind.[1]

Einige neue gesetzliche Bestimmungen über Aufstellung und Vorlegung des Etats hat das Staatshaushaltsgesetz vom 1. Juli 1904 gebracht. Es bestimmt in § 2:

> „In den ordentlichen Etat sind die aus den regelmäßigen Einnahmequellen des Staates fließenden Einnahmen und die davon zu bestreitenden Ausgaben nach Jahresbeträgen berechnet aufzunehmen. Der ordentliche Etat ist nach Kapiteln und Titeln aufzustellen usw.“

In gleicher Weise ordnet § 3 d. Ges. die Einstellungen in den außerordentlichen Etat.

Eine einschneidende Neuerung bringt § 4 d. Ges., der dem Finanzminister gegenüber den anderen Ministern bei der Aufstellung des Etats eine hervorragende Rolle zuteilt. Er bestimmt:

> „In den Entwurf des Staatshaushaltsetats dürfen neue oder gegen den Voretat erhöhte Ausgaben, soweit sie nicht auf gesetzlicher Verpflichtung oder auf ständischen Anträgen beruhen, nicht eingestellt werden, wenn der Finanzminister dagegen Widerspruch erhebt. Dieser Widerspruch kann nur darauf gestützt werden, daß die finanzielle Lage die Ausgabevermehrung nicht gestattet.“

Der letzte Satz, der die Anwendung des § 4 einschränken will vermag in seiner allgemeinen Ausdrucksweise den weittragenden

[1] Vgl. Opitz II S. 114 flg. — Vgl. u. § 26.

Einfluß, den der Finanzminister durch die neue Gesetzesvorschrift auf die Gestaltung des Etats gewinnt, nur wenig abzuschwächen. Wenn Löbe[1] es für unbedingt notwendig erklärt, daß dem Finanzminister in allen die Staatsfinanzen betreffenden und berührenden Angelegenheiten ein maßgebendes Gewicht beigelegt wird, so ist darauf zu erwidern, daß dieses Gewicht für die übrigen Minister keinesfalls zu einem sie niederdrückenden und einengenden werden darf. Nach der Fassung des § 4 ist diese Möglichkeit aber durchaus nicht ausgeschlossen. Auch die notwendigste Neuausgabe oder Ausgabevermehrung, die ein Minister fordert, kann der Widerspruch des Finanzministers mit Hinweis auf die „finanzielle Lage“ verweigern, sofern sie nicht auf gesetzlicher Verpflichtung oder auf einem ständischen Antrage beruht. Wann aber wird die „finanzielle Lage“ einmal so günstig sein, daß sie Ausgabevermehrungen unbeschränkt gestattete?

Ein einziges, aber freilich auch nur schwaches Gegengewicht gegen die Bestimmung des § 4 enthält § 1 Abs. 4 d. angef. Ges., der zugleich gegenüber dem frühern Rechte eine Neuerung bedeutet. Er sagt:

> „Das Dekret, mit dem der Staatshaushaltsetat den Ständen vorgelegt wird, hat die Gegenzeichnung sämtlicher Staatsminister zu tragen.“

Durch die Gegenzeichnung des Königlichen Dekretes, das mit dem Staatshaushaltsetat an die Stände ergeht, durch sämtliche Staatsminister soll zum Ausdruck gebracht werden, daß von ihnen gegen die Einstellungen in den Entwurf des Budgets, also auch gegen den Etat des Finanzministeriums, kein Widerspruch erhoben worden ist. Löbe[2] sieht in dieser Bestimmung eine Schutzmaßregel für die übrigen Minister dagegen, daß der Finanzminister ein unberechtigtes Übergewicht erlangt und sein Ressort bevorzugt. Aber schon die Notwendigkeit, solche Möglichkeiten zu erwägen und ihnen vorzubeugen, läßt den § 4 in einem fragwürdigen Lichte erscheinen. Löbe gibt mit seiner Anmerkung indirekt zu, daß § 4 allerdings die Handhabe zu einer unange-

---

[1] Löbe, Handbuch S. 677 Anm. zu § 4.

[2] Löbe, Handbuch S. 674 Anm. 5.

brachten Machtentfaltung des Finanzministers bieten kann. Der Schutz des § 1 Abs. 4 ist schwach genug. Die Verweigerung der Gegenzeichnung eines Ministers müßte doch zunächst diesen selbst veranlassen, sein Portefeuille in die Hand des Königs zurückzulegen und dem Monarchen damit die Wahl zwischen ihm und dem Finanzminister zu lassen. Für die Frage aber, ob das Veto des Finanzministers selbst dann Platz greifen darf, wenn ein anderer Minister eine Ausgabevermehrung auf allerhöchste Veranlassung in den Voranschlag für sein Ressort eingestellt hat, gibt § 4 keine Lösung. Wir sind der Meinung, daß dann der Widerspruch des Finanzministers wirkungslos sein müsse, aber der Wortlaut des § 4 spricht dagegen. Der u. E. einfache Ausweg, daß eine kollegiale Instanz über Konflikte zwischen den Ministern infolge der Bestimmungen des § 4 zu entscheiden hätte, ist im Gesetze leider nicht gewählt worden.

§ 5.

c) Beratung und Beschlußfassung über den Etat in den Kammern.[1]

Der Staatshaushaltsetat ist nach der Vorschrift des § 122 VU. zuerst an die zweite Kammer zu bringen. § 122 VU. bestimmt:

> „Von den königlichen Mitteilungen an die Kammern gehen diejenigen, welche auf Abgaben- und Bewilligungsgegenstände Bezug haben, zuerst an die zweite Kammer."

Im übrigen aber greifen die allgemeinen Bestimmungen über die ständische Beratung auch hinsichtlich des Budgets Platz.[2] Ebenso ist die Beschlußfassung über den Etat im allgemeinen keine andere, als bei Gesetzesvorlagen. Man pflegt in der Praxis einen Teil des Etats bei der allgemeinen Vorberatung zu erledigen. Der Rest wird dann an Deputationen überwiesen, deren Zusammensetzung und Tätigkeit die Geschäftsordnungen beider Kammern regeln.[3]

Bei der Beschlußfassung über den Etat wird mit einfacher

[1] Fricker, S. Staatsrecht S. 221, 222. — Opitz II S. 114 flg. — Leuthold S. 237 II, III. — Löbe, Staatshaushalt S. 37 flg.; Handbuch S. 18 flg.
[2] VU. §§ 121, 123 flg., Landtagsordnung § 16 flg.
[3] Opitz II S. 115. — Löbe, Staatshaushalt S. 38 flg.

Mehrheit abgestimmt, doch ist die Anwesenheit von mindestens der Hälfte der verfassungsmäßigen Mitgliederzahl erforderlich (§ 128 VU.). Die Verfassungsurkunde kennt aber Ausnahmen hiervon.

Eine qualifizierte Mehrheit bei der Abstimmung über den Etat in den Kammern sieht § 103 VU.[1] vor, der den Fall berücksichtigt, daß die Ständeversammlung die Bewilligung des Etats ablehnt, der ihr auf ihre der Regierung unterbreiteten Abänderungsvorschläge hin zur anderweiten Beratung vorgelegt ist. § 103 Abs. 5 VU. bestimmt:

> „Die Bewilligung wird übrigens nur dann als abgelehnt betrachtet, wenn in einer der beiden Kammern mindestens zwei Dritteile der Anwesenden für die Ablehnung gestimmt haben.“

Dasselbe Erfordernis der Zweidrittelmehrheit enthält § 92 VU., der vom Vereinigungsverfahren bei Gesetzesvorschlägen handelt.

Können nämlich beide Kammern infolge der ersten Beratung über einen Gegenstand nicht zu einem einheitlichen Beschlusse kommen, so soll eine gemeinschaftliche Deputation über die Vereinigung der geteilten Meinungen beratschlagen. Das Ergebnis ihrer Verhandlung ist den Kammern zur anderweiten Beratung vorzutragen (§§ 91, 101, 131 VU.). Kommt auch dann keine Vereinigung zustande, so greift bei Gesetzgebungs- und Bewilligungsgegenständen die Vorschrift des § 128 VU. Platz, wonach Beschlüsse von den Kammern nur dann gefaßt werden können, wenn mindestens die Hälfte der verfassungsmäßigen Zahl der Mitglieder in der Sitzung anwesend ist. Betreffs der Abstimmung aber verordnet § 92 VU.:

> „Bleiben auch dann noch (d. h. nach dem Vereinigungsverfahren) die Kuriatstimmen beider Kammern geteilt, so ist zur Verwerfung des Gesetzesvorschlags erforderlich, daß in einer der beiden Kammern wenigstens zwei Dritteile der Anwesenden für die Verwerfung gestimmt haben.“

Diese Bestimmung des § 92 VU., die § 103 VU. für seinen besonderen Fall heranzieht, gilt auch für das Vereinigungsverfahren über Bewilligungsgegenstände, soweit diese nicht Gesetzesvor-

---

[1] Vgl. dazu u. § 27.

schläge sind. Bei der Beschlußfassung über den Etat ist ein dreifaches Ergebnis möglich: entweder nehmen beide Kammern den Etat unverändert oder mit Änderungen an, oder beide lehnen ihn ab, oder endlich sie sind verschiedener Meinung über Annahme, Ablehnung oder Abänderung. Für diesen Fall ordnet § 101 VU. das Vereinigungsverfahren an. Ist dieses erfolglos, so muß die Bestimmung des § 92 eingreifen.

In jeder Kammer ist nach den Einzelabstimmungen über Annahme der ganzen Budgetvorlage, und zwar wieder in der zweiten Kammer zuerst, abzustimmen. Kommen beide Beschlüsse betreffs der Annahme überein, so geht der gemeinsame Ständebeschluß an den König, der ihm durch ausdrückliche Sanktion Wirksamkeit verleiht (§ 112 VU.).[1]

Ähnlich wie in Sachsen ist auch in Preußen die zweite Kammer vor der ersten bei der Etatberatung bevorzugt, indem hier der Entwurf des Budgets vom Finanzminister auf Grund königlicher Ermächtigung zuerst an das Haus der Abgeordneten gebracht werden muß. Allein dem preußischen Herrenhaus sind noch insofern Beschränkungen auferlegt, als es den Staatshaushaltsetat nur im ganzen annehmen oder ablehnen darf (Pr. VU. Art. 62 Abs. 3). Das Recht zu Abänderungen des Etatentwurfs steht also der preußischen ersten Kammer im Gegensatz zur sächsischen nicht zu. Genehmigt das Herrenhaus den vom Hause der Abgeordneten beschlossenen Etat, so setzt es den Ministerpräsidenten davon in Kenntnis. Der König hat dann das Recht und die Pflicht der Sanktion und Publikation des Etatgesetzes.[2] Im Deutschen Reiche wird der Etat durch übereinstimmende Mehrheitsbeschlüsse von Bundesrat und Reichstag festgestellt. Recht, aber auch verfassungsmäßige Pflicht des Kaisers ist es, das Etatgesetz auszufertigen und zu verkünden.[3]

---

[1] Fricker, S. Staatsrecht S. 222. — Löbe, Staatshaushalt S. 44. — Es ist aber zu bemerken, daß diese Sanktion erteilt werden muß, denn ihre Verweigerung wäre „die pflichtwidrige Herbeiführung eines budgetlosen Zustandes". Fricker, Gesetz u. Budget, Tüb. Ztschft. f. d. ges. Staatswschft. 50. Bd. 1894, S. 405.

[2] Schulze, Pr. Staatsrecht S. 104.

[3] Laband, Staatsrecht II. Bd. S. 941.

§ 6.

d) Finanzperioden des Staatshaushalts.

Während die Haushaltsperioden größerer Staaten sich an das Kalenderjahr anschließen und sich somit auf den Zeitraum eines Jahres erstrecken, haben es kleinere Staatswesen für genügend erachtet, wenn ihr Budget für Perioden von mehreren Jahren festgestellt wird.

Nach der sächsischen Verfassung war die ursprüngliche Haushaltsperiode auf drei Jahre bemessen (§ 98 VU.). Das Gesetz vom 3. Dezember 1868, das die Landtagsperioden von drei Jahren auf zwei verkürzte, änderte auch die Haushaltsperioden in zweijährige um. Seither erstreckt sich ein Budget auf zwei Kalenderjahre; allein es werden nicht zwei Einjahrsbudgets bewilligt, sondern es handelt sich um ein Zweijahrsbudget, obwohl der Etat seiner äußeren Gestalt nach jene Meinung zu rechtfertigen scheint. In jedem Ansatze des ordentlichen Etats wird nämlich der Erleichterung und Übersichtlichkeit wegen als Jahressumme die Hälfte des Betrages eingesetzt, der für den einzelnen Titel auf die Etatperiode zu fordern ist, und somit erscheint für jedes Jahr der Finanzperiode eine gleich hohe Forderung.[1]

In Preußen, wie im Reiche ist die Wirtschaftsperiode dem größeren Etat entsprechend eine einjährige. Doch deckt sie sich in beiden Staaten nicht mit dem Kalenderjahre, sondern läuft seit 1877 vom 1. April jedes Jahres bis zum 31. März des nächsten.[2]

§ 7.

e) Ordentlicher und außerordentlicher Etat.

§ 97 VU. bestimmt, daß die Stände für Aufbringung des ordentlichen und außerordentlichen Staatsbedarfs durch Aussetzung der hierzu erforderlichen Deckungsmittel Sorge zu tragen haben. Es ist jedoch in der Verfassungsurkunde nichts darüber gesagt, wo die Grenze zwischen beiden Arten des Bedarfs

[1] Fricker, S. Staatsrecht S. 221. — Löbe, Staatshaushalt S. 17, 22, 50. — Opitz II S. 112. — Leuthold S. 211 IV.

[2] Reichsges. v. 29. Febr. 1876. — Preuß. Ges. v. 26. Juni 1876.

liegt, welche Ausgaben zu der einen, welche zu der anderen Art gehören. Die Praxis hat hinsichtlich dieser Unterscheidung vielfach geschwankt. Im allgemeinen rechnet man zum ordentlichen Staatsbedarf die Einnahmen und Ausgaben, die die regelmäßige Verwaltung des Staates verlangt, während man als außerordentlichen Staatsbedarf einmalige Einnahmen und Ausgaben für besondere Zwecke bezeichnet.

Entsprechend dieser Zweiteilung ist seit der Finanzperiode 1849/51 der Staatsvoranschlag in einen ordentlichen und einen außerordentlichen gegliedert worden.[1] Die Meinungen darüber, was man zum außerordentlichen Etat zu zählen habe, sind, wie gesagt, im Laufe der Jahre sehr verschieden gewesen. Schon in früherer Zeit stellte man solche Ausgaben in den außerordentlichen Etat ein, die die Eigenschaft werbender Kapitalsanlagen hatten, und ferner Aufwendungen, die auf unvorhergesehenen und unabwendbaren äußeren Veranlassungen beruhten. In der Finanzperiode 1876/77 umgrenzte die Regierung die zweite Art von Ausgaben genauer als solche, die durch große Unglücksfälle oder andere außerordentliche, voraussichtlich nicht wiederkehrende Ereignisse und Umstände verursacht würden und von solcher Bedeutung wären, daß sie von einer Generation allein ohne große Überlastung nicht getragen werden könnten. Den beiden Gruppen fügte man zwei weitere hinzu, nämlich Ausgaben, die zur Beseitigung fortdauernder pekuniärer Staatslasten dienten und daher eine direkte Verminderung des laufenden Staatsaufwandes herbeiführten, und ferner Ausgaben, die zur Vermehrung und Sicherstellung des Volkswohlstandes beitrügen, indem sie natürliche Gefahren von demselben abwendeten, oder Einrichtungen und Privilegien, die seiner Entwicklung hinderlich wären, beseitigten oder den Verkehr erleichterten und damit auch späteren Generationen Nutzen bereiteten.[2] Später hat man diesen Standpunkt jedoch wieder verlassen und der Auffassung Raum gegeben, daß das außerordentliche Staatsbudget nur mit solchen Ausgaben be-

[1] Löbe, Staatshaushalt S. 22.

[2] Löbe, Staatshaushalt S. 23, 24. — Landtagsakten 1875/76, Dekrete 2. Bd. S. 350 flg. — Georgi, Staatshaushalt S. 46, 47.

lastet werden dürfte, die eine direkte Vermehrung der Staatseinnahmen erwarten ließen.[1] So sagt auch Opitz:[2] „Soweit tunlich werden in den außerordentlichen Etat nur solche Ausgaben eingestellt, welche finanzielle Erträgnisse abwerfen, daher diejenigen Ausgaben, bei welchen dies nicht der Fall ist, in den ordentlichen Etat mit aufgenommen und somit nicht durch das Substantialvermögen des Staates, sondern durch die Nutzungen des Staatsvermögens und die sonstigen laufenden Einnahmen gedeckt werden."

Das Gesetz vom 1. Juli 1904 bringt für diese Frage manches Neue. Es folgt zunächst der bisherigen Gepflogenheit einer Zweiteilung des Budgets, wenn es in § 1 Abs. 3 bestimmt:

> „Der Staatshaushaltsetat enthält den ordentlichen und, soweit nötig, den außerordentlichen Etat."

Die Worte „soweit nötig" sind auf einen Antrag der ersten Kammer zurückzuführen und bilden eine beachtenswerte Neuerung. Das Gesetz huldigt der Meinung, daß durchaus nicht in jeder Finanzperiode ein außerordentlicher Etat notwendig sei, es könne wohl einmal der Fall eintreten, daß man mit dem ordentlichen Etat auskomme. Freilich ist dabei eine selten günstige Finanzlage vorausgesetzt.[3] Den Inhalt des außerordentlichen Etats bestimmt § 3 Abs. 1 des angeführten Gesetzes:

> „In den außerordentlichen Etat sind die einmaligen außergewöhnlichen Ausgaben aufzunehmen, die in den regelmäßigen Einnahmequellen keine Deckung finden, sondern aus den beweglichen Vermögensbeständen bestritten werden müssen. Einmalige außergewöhnliche Ausgaben, die lediglich Verwaltungszwecken dienen, sind in der Regel von der Einstellung in den außerordentlichen Etat ausgeschlossen."

Es ist bemerkenswert, daß das Gesetz die Frage, welche Ausgaben dem außerordentlichen Etat zuzuzählen seien, auf ein ganz anderes Merkmal abstellt als man in früheren Jahren tat. Man suchte ehemals gemeinsame Merkmale der außerordentlichen Aus-

---

[1] Löbe, a. a. O.

[2] Opitz II S. 110. — Ebenso Leuthold S. 211 Anm. 6.

[3] Vgl. Löbe, Handbuch S. 674 Anm. 4 zu § 1.

gaben in den Zwecken, denen sie dienten, und wollte daraus allgemeine Gesichtspunkte für die Unterscheidung der beiden Etats gewinnen. Allein diese Bemühungen haben nicht zu einem befriedigenden Ergebnis geführt. Und so hat man sich denn mit einem rein rechnerischen Gesichtspunkte begnügt, was für die Aufstellung eines Wirtschaftsplanes auch angemessen ist. Danach sind Ausgaben des außerordentlichen Etats solche, zu deren Deckung die regelmäßigen Einnahmequellen, nämlich Nutzungen des Staatsvermögens, Steuern und Abgaben, nicht hinreichen, sondern die durch außerordentliche Einnahmen bestritten werden müssen. Das Gesetz sagt „aus den beweglichen Vermögensbeständen"; dazu gehören auch die durch Anleihen des Staates gewonnenen Vermögensmassen.[1] Wenn das Gesetz endlich bestimmt, daß außerordentliche Ausgaben, die lediglich Verwaltungszwecken dienen, in der Regel vom außerordentlichen Etat ausgeschlossen seien, so folgt es damit den Anschauungen, die die Regierung bereits in den Grundsätzen für die Finanzperiode 1876/77 ausgesprochen hatte.

Kann man auch nach den von Regierung und Ständen bisher befolgten Grundsätzen annehmen, daß in der Regel und bei normaler Finanzlage auch in Zukunft im außerordentlichen Etat hauptsächlich nur solche einmalige außergewöhnliche Ausgaben auftreten werden, die die Eigenschaft werbender Kapitalsanlagen haben, so gestattet doch die Bestimmung des § 3 d. angef. Ges. auch eine andere Handhabung und gibt damit der Regierung die Möglichkeit, die Einstellungen in die Etats mit Rücksicht auf die gesamte Finanzlage und auf die verfügbaren Einnahmen vorzunehmen.

§ 8.

f) Die Publikation des Etats.

Während in Preußen, im Deutschen Reiche und in zahlreichen anderen Staaten der Sanktion, bzw. Ausfertigung des von dem Parlamente genehmigten Etats die Publikation folgt, ist von einer Veröffentlichung des von den Kammern verabschiedeten

---

[1] Vgl. Löbe, Handbuch S. 676 Anm. 2 zu § 3.

und vom König sanktionierten Budgets in der sächsischen Verfassungsurkunde keine Rede, und auch die Praxis hat eine Publikation nicht eingeführt.

Das Finanzgesetz, das in Sachsen von den Ständen jeweilig mit dem Budget verabschiedet wird und das hinsichtlich der Publikation wie jedes andere Gesetz behandelt wird, enthält nicht den Etat, sondern nimmt Bezug auf ihn und führt nur die Gesamtbeträge der Überschüsse und Zuschüsse des ordentlichen Etats und die Summen des außerordentlichen auf.[1] Weiter nennt es Steuern und Abgaben, sowie sonstige Einnahmen, die zur Deckung des Staatsbedarfs verwendet werden sollen gemäß der Vorschrift des § 104 VU. In diesem § 104 ist von „Ausschreiben, welche Landesabgaben betreffen" die Rede. Darunter kann man nach der herkömmlichen Ausdrucksweise, wie Fricker[2] ausführt, nur das jetzige Finanzgesetz verstehen. Eine Gesetzesform für diese Steuerausschreiben ist jedoch auch in § 104 VU. nicht vorgeschrieben.

Der Etat wird in Sachsen, soweit das erforderlich ist, im Verwaltungswege den Behörden mitgeteilt, zum Teil durch sog. Kassenetats, worin die auf eine Behörde oder Anstalt entfallenden Beträge des Etats an Einnahmen und Ausgaben enthalten sind.[3]

Zweites Kapitel.

Das Steuerbewilligungsrecht.

§ 9.

I. Anlehnung an das alte Steuerbewilligungsrecht.

Die konstitutionelle Verfassung ist in Sachsen in friedlicher Vereinbarung zwischen König und Ständen zustande gekommen. Es ist daher erklärlich, daß sie sich zunächst nicht als etwas

---

[1] Vgl. dazu u. § 26.

[2] Fricker, S. Staatsrecht S. 223.

[3] Löbe, Staatshaushalt S. 44. — Opitz II S. 108

der alten Ständeverfassung Gegensätzliches darstellte, so sehr sie das ihrem inneren Wesen nach ist, sondern gleichsam als eine Umbildung, als ein weiterer Ausbau der bestehenden Verfassung erschien. Die zahlreichen Vorarbeiten zur Verfassungsurkunde, der allein drei Entwürfe vorausgingen, beweisen das zur Genüge. Soweit aber wirklich Neues, d. h. der sächsischen Verfassung bisher Fremdes, in der Verfassungsurkunde erschien, ist dieses in Anlehnung an die bereits bestehenden Konstitutionen anderer deutscher Staaten geschehen. Besonders hat die württembergische Verfassungsurkunde den Bearbeitern des sächsischen Entwurfs als Musterbild gedient.

Das wichtigste Recht der alten Stände war auch in Sachsen das Steuerbewilligungsrecht geworden.[1] Denn hatten sie durch dieses einerseits zahlreiche andere Rechte gewonnen, so übten sie anderseits unmittelbar dadurch einen gewissen Einfluß auf die Verwaltung aus und häufig behielten sie sich die Kontrolle über die zu bestimmten Zwecken bewilligten Abgaben vor.

Da in Sachsen auch die absolutistischen Herrscher nicht dauernd ohne Stände regiert hatten, wie z. B. in Preußen, wo man der Stände mehr als hundert Jahre lang nicht bedurfte, so war deren Macht und Bedeutung mit der Steigerung der Staatsaufgaben und -bedürfnisse, zu deren Befriedigung sie die Mittel bewilligen mußten, stark gewachsen.[2] Seit dem 16. Jahrhundert

[1] Über die Entwicklung ausführlich v. Witzleben, Entstehung der konstitut. Verfassung in Sachsen, 1881, S. 29 flg. — Gneist, Gesetz und Budget, 1879, S. 92. — G. Meyer, D. Staatsrecht § 202 S. 741.

[2] v. Römer sagt in seinem Staatsrecht, 1788, II. Teil X. Abschn. § 2, nachdem er die Steuern und Gefälle aufgezählt hat: „Alle diese Abgaben beruhen lediglich auf der Verwilligung der Landstände, deren erste Schuldigkeit es ist, dem Landesfürsten alljährlich soviel, als zum Wohl des Landes und dem Unterhalt des Hofes und der Landeskollegien und übrigen von dem Lande zu besoldenden Bedienungen erfordert wird, von dem Lande erheben zu lassen. Allein im Gegenteil haben sie auch das Recht, solche Summen, welche die Landesbedürfnisse übersteigen, geradezu zu verweigern, übrigens aber die Art und Weise, wie die Steuern aufgebracht werden sollen, zu bestimmen. Sobald daher der Kurfürst eine solche Steuer einführen wollte, welche dem Lande zu schwer fallen würde, oder doch auf eine zu ungleiche Art verteilt werden sollte, oder sonst dem Lande schäd-

bereits hatten die Stände öfters bei Übernahme von Schulden und bei Bewilligungen zu deren allmählicher Abtragung sich eine Kontrolle dieser Finanzaufgaben von den Landesherren ausbedungen, die angesichts ihrer Notlage den Wünschen der Stände willfahren mußten.[1] Als eine Folge der von Frankreich herkommenden neuzeitlichen Gedanken ist die Kundgebung der sächsischen Stände vom Jahre 1812 in der Bewilligungsschrift ihres Ausschußtages zu bezeichnen, worin sie die Hoffnung aussprachen, „daß der König die künftig an die Stände zu bringenden Anforderungen auf einen die Bilanz aller Zweige der Staatseinnahme und -ausgabe umfassenden Finanz- und Administrationsplan gründen und dergestalt in einem klaren Verhältnis zu dem durch ständische Bewilligung zu deckenden Bedürfnisse übersehen lassen möge."[2] Bereits 1813 kehrte diese Forderung wieder und 1817 fand sie auch die Unterstützung des Geheimen Consiliums. Allein der König wollte nichts davon wissen. Als aber die Stände ihr Verlangen 1818, 1820 und 1821 wiederholten, wurde ihnen in diesem letzten Jahre die Zusage zuteil, „daß, wenn künftig zu irgend einem Zwecke eine höhere als die bisher zu demselben verlangte Summe angesonnen werden sollte, zugleich eine Nachweisung über das Entstehen des Mehrbedarfs mitgeteilt werden solle."[3] Im Jahre 1830 kamen die Stände noch einmal auf ihre alte Forderung zurück. Ihr Wunsch erfüllte sich ja bald in viel weiterem Umfange, als sie bisher verlangt hatten. Das eine darf jedoch nicht übersehen werden: Die Übersicht über den Staatshaushalt, die man forderte, wurde immer nur als ein Ausfluß des Steuerbewilligungsrechtes aufgefaßt. Von einer Mitwirkung der Stände am Zustandekommen des gesamten Staatshaushaltsetats war noch keine Rede. Auch die württembergische Verfassung kennt nichts anderes als das Steuerbewilligungsrecht, und die Entwürfe zur sächsischen Verfassungsurkunde besagen dasselbe. Daß aber in diesem Steuer-

lich werden könnte, so hätten die Landstände allerdings volles Recht, derselben zu widersprechen. — Vgl. Weisse, Staatsrecht, 1827, §§ 225, 268, 269.

[1] v. Witzleben S. 67 flg. — Weisse §§ 268, 269.

[2] v. Witzleben S. 124.

[3] v. Witzleben S. 126.

bewilligungsrechte das heutige Budgetrecht in seiner umfänglichen staatsrechtlichen Bedeutung bereits im Keime enthalten war, werden wir in den folgenden Abschnitten darzulegen haben.

§ 10.

2. § 96 der Verfassungsurkunde vom 4. September 1831.

Von der Steuerbewilligung der sächsischen Stände redet § 96 VU., der in seiner ursprünglichen Fassung bestimmte:

> „Ohne Zustimmung der Stände können die bestehenden direkten und indirekten Landesabgaben nicht verändert, auch dürfen dergleichen Abgaben ohne ihre Bewilligung, mit Ausnahme des § 103 bemerkten Falles, nicht ausgeschrieben und erhoben werden."

Es ist hier zunächst von den bestehenden, d. h. auf Gesetz beruhenden direkten und indirekten Landesabgaben [1] die Rede. [2] „Die Verfassung geht davon aus, daß jede Steuer zunächst durch ein gewöhnliches dauerndes Gesetz zu ordnen sei." [3] Daß es zu einer Veränderung dieser Abgaben, sei es nach der Höhe, sei es nach der Art, der Zustimmung der Stände bedarf, sobald darin eine Gesetzesänderung enthalten wäre, geht schon aus den allgemeinen Grundsätzen über die Mitwirkung der Stände an der Gesetzgebung hervor. Aber selbst in dem Falle, daß das Steuergesetz der Regierung einen Spielraum ließe, die Art oder Höhe der Abgaben zu verändern, sollte doch auch dazu die Zustimmung der Stände einzuholen sein.

§ 96 VU. bestimmt aber ferner, daß direkte oder indirekte Abgaben ohne Bewilligung der Stände nicht ausgeschrieben und

---

[1] Zu den direkten Landesabgaben in Sachsen gehörten im Jahre 1834: Grundsteuern, Gewerbe- und Personalsteuern, zu den indirekten: die Grenzzölle, der Elbzoll, die Bier-, Branntwein-, Wein-, Tabak-, Schlacht-, Stempel- und Erbschaftssteuer und die Chaussee-, und Brückengelder. Vgl. Löbe, Staatshaushalt S. 8, sowie die dort angeführten Gesetze.

[2] § 37 VU.: „Kein Untertan soll mit Abgaben oder andern Leistungen beschwert werden, wozu er nicht vermöge der Gesetze oder kraft besonderer Rechtstitel verbunden ist."

[3] Fricker, S. Staatsrecht S. 223.

erhoben werden dürfen. Wenn hier das Wort Bewilligung, dort das Wort Zustimmung gebraucht wird, so soll darin kein wesentlicher Unterschied liegen. In beiden Fällen hat sich die Regierung, bevor sie eine Veränderung oder Ausschreibung und Erhebung der Abgaben vornimmt, des Einverständnisses der Stände mit der geplanten finanziellen Maßregel zu vergewissern. In dem Ausschreiben der Landesabgaben soll, wie § 104 VU. bestimmt, diese Bewilligung der Kammern besonders erwähnt werden, und ohne diese sind weder die Einnehmer zur Einforderung berechtigt, noch die Untertanen zur Entrichtung verbunden.

Die zweite Hälfte des § 96 VU. bezieht sich aber keineswegs nur auf neue Abgaben, sondern nach seinem Wortlaut dürfen auch die bestehenden Abgaben ohne Bewilligung der Stände nicht ausgeschrieben oder erhoben werden. Da bestehende Abgaben aber nach § 37 flg. VU. bereits auf Steuergesetzen beruhen, so gibt es in Sachsen für die Steuern tatsächlich eine doppelte gesetzliche Grundlage, einmal das Steuergesetz und sodann die Bewilligung der Stände, auf die im Finanzgesetze Bezug genommen wird (§ 104 VU.).[1] Ohne diese zweifache gesetzliche Grundlage ist kein Untertan zur Abentrichtung von Steuern verpflichtet (§§ 37, 104 VU.).

Als eine Ausnahme von der im zweiten Teile des § 96 enthaltenen Vorschrift der ständischen Bewilligung ist der Fall des § 103 VU. genannt, auf den wir weiter unten zurückkommen. Wenn seine Voraussetzungen vorliegen, dürfen also auch ohne Bewilligung der Stände Abgaben ausgeschrieben und erhoben werden. Dagegen wird die Zustimmung der Stände zur Veränderung der bestehenden direkten und indirekten Landesabgaben nicht durch die Voraussetzungen des § 103 VU. entbehrlich.

§ 11.

3. Jetzige Fassung und Bedeutung des § 96 VU.

Durch das Gesetz vom 5. Mai 1851 hat § 96 VU. eine wesentliche Änderung erfahren. Er ist in der alten Fassung aufgehoben und durch § 2 dieses Gesetzes folgendermaßen ersetzt worden:

[1] Fricker, S. Staatsrecht S. 223, 224: „Die Ausschreibung und Erhebung einer Steuer darf nicht erfolgen auf Grund des dauernden Steuer-

„Mit Ausnahme der §§ 1, 5, 6 und 8 dieses Gesetzes bemerkten Fälle[1] können und dürfen die bestehenden direkten und indirekten Landesabgaben ohne Zustimmung der Kammern weder verändert, noch ausgeschrieben oder erhoben werden.

Diejenigen Abgaben, welche zufolge der unter Zustimmung der Kammern mit anderen Staaten abgeschlossenen Zoll-, Steuer- und Handelsverträge zu erheben sind, sowie die in Gemäßheit dieser Verträge zu bewirkende Erhöhung oder Herabsetzung derselben bedürfen keiner besonderen Bewilligung der Kammern.“

Während früher von einem ständischen Rechte der Zustimmung zu einer Veränderung der Steuern und daneben von einem Rechte der Bewilligung zur Ausschreibung und Erhebung von Abgaben die Rede war, spricht § 96 in seiner jetzigen Fassung nur von einer Zustimmung der Kammern zur Veränderung, Ausschreibung und Erhebung von bestehenden direkten oder indirekten Landesabgaben. Den Ausdruck „Bewilligung“ hat man ganz fallen gelassen.

Während aber früher die Regierung in dem Ausnahmefall des § 103 VU. wohl Steuern auch ohne Bewilligung der Stände ausschreiben und erheben konnte, dagegen zu einer Veränderung der bestehenden Landesabgaben ohne Zustimmung der Stände auch in diesem besonderen Falle nicht befugt war, wurde ihr dieses Ausnahmerecht auch zur Veränderung von Steuern in den Fällen der §§ 89, 103 und 105 VU. nach der jetzigen Fassung des § 96 zugestanden. In der Ständeversammlung wurde bei der Beratung dieses § 2 des Ges. vom 5. Mai 1851 die neue Fassung von verschiedenen Seiten mißbilligt, aber schließlich doch angenommen.[2] Auch in den Kammern verstand man „unter Veränderung der Steuern teils eine Änderung des Grundsatzes und des Verhältnisses, nach welchem die Abgaben und Leistungen auf

---

gesetzes allein, sondern sie bedarf noch der periodischen Zustimmung der Kammern, der Bewilligung.“

[1] Sie beziehen sich auf die §§ 89, 103 u. 105 VU.

[2] Landtagsakten 1850/51, Beil. z. II. Abt. S. 336 flg. — Vgl. Fricker, Verfassungsgesetze § 96 Anm. 3.

Personen und Gegenstände zu legen und zu verteilen sind, teils die Erhöhung der regulären Sätze".[1]

Die zweifache gesetzliche Grundlage der Steuern, auf die wir schon oben hinwiesen, ist auch in der jetzigen Gestalt des § 96 unverändert beibehalten worden.

Endlich hat § 96 einen Zusatz in Abs. 2 erhalten, wonach die Erhebung von Abgaben auf Grund von Zoll-, Steuer- und Handelsverträgen, die seinerzeit unter Zustimmung der Kammern abgeschlossen worden sind, sowie eine Erhöhung oder Herabsetzung dieser Abgaben in Gemäßheit der Verträge keiner besonderen Bewilligung der Kammern bedürfen. Soweit Abgaben also auf Staatsverträgen und, wie man aus § 89 VU. hinzufügen muß, auf Reichsgesetzen beruhen, ist die periodische Zustimmung der Stände zu ihrer Erhebung bzw. Veränderung nicht erforderlich.

§ 12.

4. Steuerbewilligung und Steuergesetz als Bedingungen der Steuererhebung.

Zwei Bedingungen sind es, an die die Verfassungsurkunde die Erhebung von Steuern knüpft. Beide müssen erfüllt sein, wenn der Untertan gesetzlich zur Entrichtung von Steuern verpflichtet sein soll.

Als die unmittelbare gesetzliche Grundlage der Landesabgaben erscheint das Finanzgesetz, die periodische Steuerbewilligung der Stände, die § 96 VU. fordert. Ohne diese erklärt § 104 VU. die Untertanen zur Leistung von Abgaben nicht verbunden und die Einnehmer zur Einforderung nicht berechtigt. Sollten die Abgaben aber trotz dieses Mangels gefordert werden, so muß, wie Bülau sagt,[2] „gegen ungesetzliche Anmutungen Verweigerung, gegen Zwang der Schutz der Gerichte helfen".

Es gibt Ausnahmen von diesem Erfordernis der Steuerbewilligung, wie sie in § 96 Abs. 2, in § 103 und § 105 VU. zu finden sind. Aber während die erste sich auf die auf Zoll-,

---

[1] Fricker, a. a. O.

[2] Bülau, Verfassung u. Verwaltung d. Königr. Sachsen, 1833, S. 217 Anm. 11.

Steuer- und Handelsverträgen beruhenden Abgaben bezieht, die ja durch die Zustimmung der Ständekammern zu den betreffenden Verträgen immerhin eine allgemeine Billigung der Volksvertretung erfahren haben, betreffen die beiden anderen Ausnahmen besondere Notfälle und Ausnahmezustände, die in den seltensten Fällen eintreten werden. In der Regel und für die große Menge der Steuern und Abgaben ist unbedingt die besondere gesetzliche Begründung durch das Finanzgesetz erforderlich.

Hinter dieser periodischen Steuerbewilligung gleichsam verborgen ruhen die Steuern abermals auf gesetzlicher Grundlage, auf den Steuergesetzen. § 37 VU. bestimmt, daß nur auf Grund von Gesetzen ein Untertan mit Abgaben beschwert werden soll. Und § 39 VU., dessen Aufgabe heute längst erfüllt ist, ordnete die Feststellung eines neuen Abgabensystems an, die natürlich auch nur auf dem Wege der Gesetzgebung geschehen konnte. Tatsächlich beruhen heute auch alle direkten und indirekten Landesabgaben auf besonderen Gesetzen.[1]

Es sei noch besonders darauf hingewiesen, daß § 104 VU., der die ständische Steuerbewilligung als das eine Erfordernis für die Erhebung von Steuern feststellt, keineswegs von einem „Gesetz“ spricht, sondern anordnet, daß die Bewilligung der Kammern in den „Ausschreiben, welche Landesabgaben betreffen“, erwähnt werden. Es kann also auch unter den „Gesetzen“ des § 37 VU. nicht das Finanzgesetz gemeint sein, das erst nach dem Zustandekommen der Verfassungsurkunde zu dem „Ausschreiben“ des § 104 VU. geworden ist.[2]

Wenn Opitz[3] behauptet, daß die eigentliche rechtliche Basis für die Landesabgaben nicht die für sie bestehenden Gesetze seien, so hat er insofern recht, als diese Steuergesetze nicht allein die rechtliche Grundlage für die Abgaben bilden können. Aber er übersieht, daß die Steuergesetze neben dem Finanzgesetz eine durch die Verfassungsurkunde gebotene Grundlage der Landesabgaben sind. Er sagt,[4] die Steuergesetze „regeln die

[1] Vgl. Fricker, S. Staatsrecht S. 225. — Leuthold S. 197 Anm. 3.
[2] Vgl. oben § 8.
[3] Opitz II S. 106 Anm. 7.
[4] A. a. O.

Steuerpflichtigkeit, Höhe, Erhebungsweise usw. in Ansehung der betreffenden Abgaben, aber alles dieses nur mit der stillschweigenden Voraussetzung, daß die Erhebung der betreffenden Abgabe überhaupt nach dem jedesmaligen Budget genehmigt wird, sind also nur Gesetze auf die jeweilige Dauer der laufenden Finanzperiode". Diese letzte Folgerung ist nicht zwingend und auch unrichtig. Die Steuergesetze haben nicht nur Geltung für die Dauer der jeweiligen Finanzperiode, sondern sie sind dauernde Gesetze, deren Ausführung aber, falls nicht eine andere Bedingung erfüllt, nämlich das Finanzgesetz von den Ständen verabschiedet ist, durch § 104 VU. gehemmt wird. Opitz bezeichnet dann weiter das Finanzgesetz als die eigentliche rechtliche Grundlage der Abgaben, in dem jedesmal über die Forterhebung der bewilligten Abgaben ausdrücklich Bestimmung getroffen wird. „Ohne diese ausdrückliche Bestimmung", heißt es bei ihm,[1] „können die Abgaben nicht weiter erhoben werden und erledigen sich damit von selbst auch die auf dieselben bezüglichen Gesetze und zwar auch ohne ausdrückliche Aufhebung derselben, ein Umstand, der selbstverständlich nicht ausschließt, daß hierneben auch noch eine ausdrückliche Aufhebung durch ein besonderes Gesetz erfolgt." Daß die Abgaben dennoch auch ohne diese ausdrückliche Bestimmung forterhoben werden können, lehren die Ausnahmen von § 96 und § 104 VU., wie sie besonders in § 103 und § 105 VU. ausgeführt sind. Kommt z. B. die Verabschiedung des Budgets nicht zustande, so erledigen sich damit die Steuergesetze durchaus nicht von selbst, sondern sie bleiben vollwirksam bestehen. Ein besonderes Ausschreiben tritt an die Stelle des Finanzgesetzes. Vor diesem haben jene Gesetze den Vorzug, daß sie langlebiger, dauernder sind, während das Finanzgesetz von vornherein nur auf die Finanzperiode sich erstreckt und mit deren Ende von selbst zu gelten aufhört. Würden mit diesem Zeitpunkte auch die Steuergesetze ihr Ende erreichen, so brauchte man sie gar nicht; denn die Aufgabe, die Opitz ihnen zuweist, die Regelung von Steuerpflichtigkeit, Höhe, Erhebungsweise usw. könnte ebensogut das Finanzgesetz ent-

[1] A. a. O. — Vgl. ebenda S. 81 Anm. 5.

halten, das ja auch nach seiner Auffassung in dem Teile, der die Abgaben regelt, nicht Verwaltungsakt, sondern Gesetz ist, sich also qualitativ nicht von dem Steuergesetz unterscheidet.[1] Die Steuergesetzgebung bildet gerade dadurch einen Gegensatz zu der gesetzlichen Regelung anderer Gegenstände, daß zunächst ein dauerndes Steuergesetz mit den Ständen vereinbart wird und ferner für die jeweilige Finanzperiode erforderlich ist, daß die Stände ihre Zustimmung zur Erhebung gemäß diesem Steuergesetz im Finanzgesetz zu geben haben. Wie aber die Versagung jener Zustimmung oder gar, wie Opitz meint, das Fehlen der ausdrücklichen Bestimmung über die Forterhebung der bewilligten Abgaben, das auch ein zufälliges sein könnte, die Wirkung haben soll, daß sich jene Steuergesetze von selbst erledigen, ist nicht erfindlich. Der praktische Fall, den Opitz an seine Ausführungen anschließt, beweist dafür nichts; denn auch wir geben zu, daß das Finanzgesetz eine, nur nicht die rechtliche Basis für die Erhebung von Abgaben sei, und daß daher die Regierung, von Ausnahmefällen abgesehen, nicht einnehmen darf, wenn die Stände versagen. Daß mit einer erstmaligen Versagung aber bereits das betreffende Abgabengesetz erledigt, für nicht fortbestehend erklärt sei, dürfte zuviel gefolgert heißen.

Schließlich sei noch gestattet, auf das preußische Recht vergleichend hinzuweisen, das in Hinsicht auf die Bedingungen der Steuererhebung wesentlich anders gestaltet ist. Denn nach ihm dürfen Steuern und Abgaben für die Staatskasse nur erhoben werden, soweit sie in den Staatshaushaltsetat aufgenommen oder durch besondere Gesetze angeordnet sind (Pr. VU. Art. 100). Aber die bestehenden Steuern und Abgaben werden forterhoben, bis sie durch ein Gesetz abgeändert werden (Pr. VU. Art. 109). Es bedarf also einer Bewilligung der bestehenden Steuern durch das Parlament nicht. Vielmehr beschränkt sich das ständische Bewilligungsrecht auf die Abänderung bestehender und die Einführung neuer Steuern.[2]

---

[1] Opitz II S. 81 Anm. 5. — Vgl. Leuthold S. 196, 197.

[2] Schulze, Pr. Staatsrecht S. 57. — Laband, Budgetrecht n. d. Pr. VU. S. 22.

Drittes Kapitel.

Die Entwicklung des Steuerbewilligungsrechts zum Budgetrechte.

§ 13.

I. Allgemeines.

Mag auch das Steuerbewilligungsrecht ein außerordentlich wertvolles Recht einer Volksvertretung sein, mit Hilfe dessen sie nicht nur auf den Staatshaushaltsetat, sondern indirekt auch auf viele Zweige der Verwaltung ihren Einfluß auszuüben vermag, so behält doch die Regierung unter diesem Rechte bei Aufstellung und Ausführung des Etats im allgemeinen freie Hand, und sie wird um so unabhängiger vom Parlamente sein, je mehr sie es versteht, andere Einnahmequellen zu eröffnen und sich in ihren Steuerforderungen auf ein Mindestmaß zu beschränken. Darum haben auch die deutschen Verfassungsurkunden der älteren Zeit von vornherein den Ständen gleichsam als Ergänzung jenes Rechtes die Kontrolle über die Verausgabung der von ihnen bewilligten Steuern zu den festgesetzten Zwecken zugestanden.

Mit dem Wachstume der Staatsbedürfnisse wurde aber die Heranziehung der Steuerkräfte des Landes zur Befriedigung jener in immer erhöhtem Maße eine unabweisbare Notwendigkeit. Die Anteilnahme der Stände am Zustandekommen des Staatshaushaltsetats gewann damit immer größere Bedeutung. In den späteren Verfassungsurkunden, wie in der preußischen vom 31. Januar 1850, tritt das Steuerbewilligungsrecht in den Hintergrund. Es ist nur noch Teil eines weit umfassenderen Rechts. Die Stände wirken hier als maßgebende Faktoren mit am Zustandekommen des Staatshaushaltsetats, sie haben das volle Budgetrecht. Das gleiche gilt von der Reichsverfassung, die ein selbständiges Steuerbewilligungsrecht des Reichstages überhaupt nicht kennt.

Diese Entwicklung in der Bedeutung des Budgetrechts, die Hand in Hand geht mit dem Wachstum der Aufgaben des

Staates, zu deren Erfüllung die Staatsuntertanen die Mittel geben müssen, lehrt eine vergleichende Gegenüberstellung der älteren und jüngeren Verfassungsurkunden, aber ebenso auch die Verfolgung der Rechtsentwicklung eines Staates mit älterer Verfassung. Denn heute besitzen nicht nur die Staaten, deren Verfassungen jüngeren Datums sind, das volle Budgetrecht, sondern es herrscht in den deutschen Staaten mit wenigen Ausnahmen allgemein.

Wenn wir die Entwicklung des Verfassungsrechts in Sachsen daraufhin eingehender betrachten, so werden wir erkennen, wie sich auch hier im Laufe der Jahre das ursprüngliche Recht der Steuerbewilligung zu einem vollen Budgetrechte erweitert und umgebildet hat.[1]

§ 14.

2. Die Verfassungsänderungen von 1851, 1860 und 1868.

Die budgetrechtlichen Veränderungen, die mit der Verfassungsurkunde vorgenommen worden sind, zeigen mit großer Deutlichkeit, wie sich die Rechtsanschauungen über das ständische Budgetrecht gewandelt haben.[2]

Wie wir oben schon darlegten, steht die Verfassungsurkunde von 1831 im wesentlichen auf dem Standpunkte des Steuerbewilligungsrechts, was besonders in § 96 VU. zum Ausdruck kommt. Dementsprechend sprach § 102 VU. von einer „ständischen Bewilligung von Abgaben". An Stelle dieser Worte setzte § 4 des Ges. v. 5. Mai 1851 kurz „ständische Bewilligung", wodurch den tatsächlichen Verhältnissen entsprechend zum Ausdruck gebracht werden sollte, daß sich die ständische Bewilligung nicht nur auf die Abgaben, bzw. auf die entsprechenden Einnahmen im Budget, beziehe, sondern daß sie sich vielmehr auf die Einnahmen und Ausgaben des Etats überhaupt erstrecke.[3]

Noch deutlicher bekundet dies § 6 des Ges. v. 5. Mai 1851, der mit § 5 dess. Ges. an die Stelle des früheren § 103 VU. getreten ist. Er sagt:

---

[1] Vgl. G. Meyer, D. Staatsrecht § 204, S. 750.
[2] Vgl. Fricker, S. Staatsrecht S. 226. [3] A. a. O.

„Geht die Bewilligungsfrist noch vor erfolgter neuer Bewilligung zu Ende, . . . so werden die bestehenden Steuern und Abgaben . . . noch auf ein Jahr, vorbehältlich der Bewilligung des Ausgabebudgets, in der bisherigen Weise forterhoben.“

Dieser § 6 ist durch Ges. vom 27. November 1860 aufgehoben und durch zwei neue Paragraphen ersetzt worden. Aber in § 1 dieses Gesetzes findet sich die in Frage kommende Wendung „Bewilligung des Ausgabebudgets“ wörtlich wieder. Es ist also bereits seit dem Jahre 1851 neben dem Steuerbewilligungsrechte ein ständisches Ausgabenbewilligungsrecht durch die Verfassungsurkunde selbst anerkannt.

Aber auch die Verfassungsänderung durch das Gesetz vom 3. Dezember 1868 IV steht mit dieser neuen Auffassung vom ständischen Budgetrechte vollständig im Einklange. Sie ersetzt den § 1 des Ges. vom 5. Mai 1851, der seinerzeit an Stelle des § 89 VU. getreten war, durch einen neuen Paragraphen, in dem die Befugnisse der Stände aus § 97 VU., nämlich zur Prüfung der Ansätze im Etat, zu Erinnerungen und zur Entschließung über Annahme der angesetzten Summen usw. als „Recht der Stände zur Beschlußfassung über den Staatsbedarf“ bezeichnet werden.[1] Den Staatsbedarf erhält man, wenn man die für eine Etatperiode erforderlichen Ausgaben mit den zur Verfügung stehenden Einnahmen vergleicht. Das Mehr auf der Ausgabenseite, bzw. der Fehlbetrag auf der Einnahmenseite ist der Bedarf. Nach dem Ausdruck des angef. Paragraphen (§ 89 VU.) besteht nun die Tätigkeit der Stände nicht mehr darin allein, die Deckungsmittel für den Staatsbedarf aufzubringen, wie § 97 VU. besagt, sondern die Kammern sollen über den Bedarf des Staates beschließen. Dies kann nicht ohne eingehende Berücksichtigung der gesamten Einnahmen und Ausgaben des Etats geschehen. Die Beschlußfassung über den Staatsbedarf ist zugleich eine solche über den gesamten Etat, und daher bedeutet das in § 89 VU. jetziger Fassung genannte Recht der Stände nichts anderes als das volle Budgetrecht.

[1] A. a. O.

§ 15.

3. Die weitere Entwicklung bis zur Gegenwart.

War somit in Sachsen auch nach Auffassung von Regierung und Ständen tatsächlich ein Ausgabebewilligungsrecht im Laufe der Zeit an Stelle des alten Steuerbewilligungsrechts getreten, so nahm das Gesetz vom 3. Juli 1878[1] diesem seine materielle Bedeutung gänzlich und machte es zu einem rein formellen Rechte.

Nach § 98 VU. bestand das sächsische Budget seit Beginn der Verfassung aus drei deutlich unterschiedenen Bestandteilen: aus den Einnahmen, den Ausgaben und dem Staatsbedarf, den man durch eine Vergleichung der Einnahmen und Ausgaben erhält. Nur auf diesen erstreckte sich ursprünglich die Mitwirkung der Stände an der Aufstellung des Etats, indem sie nach § 97 VU. die Verpflichtung hatten, für Aufbringung des ordentlichen und außerordentlichen Staatsbedarfs durch Aussetzung der hierzu erforderlichen Deckungsmittel zu sorgen.[2] Dieser Verpflichtung entsprachen die in § 97 VU. genannten Rechte der Prüfung der Ansätze im Etat und der Entschließung über die eingestellten Summen, über die Art der Deckung, sowie über die Erhebung und Verteilung der Steuern.

War nun, wie wir bereits dargetan haben, den Ständen durch die Verfassungsurkunde das Recht zugestanden, nicht nur über die Deckung des Staatsbedarfs, sondern gleichmäßig auch über die Einnahmen und Ausgaben des Etats zu beschließen, so läßt das Gesetz vom 3. Juli 1878, die direkten Steuern betreffend das Steuerbewilligungsrecht noch mehr in den Hintergrund treten, indem es ein für allemal die Aufbringung des durch direkte Steuern zu deckenden Staatsbedarfs regelt. Es ist kein Verfassungsgesetz, obwohl es in das Verfassungsrecht eingreift, sondern ist wie jedes gewöhnliche dauernde Gesetz zustande gekommen. Art. 2 des Ges. enthält folgende Bestimmung:

> „Der durch direkte Steuern zu deckende Staatsbedarf wird durch die Grundsteuer, die Steuer vom Gewerbe-

---

[1] Vgl. Fricker, S. Staatsrecht S. 226, 227. — Leuthold S. 211.

[2] Fricker, a. a. O.

betrieb im Umherziehen und die Einkommensteuer aufgebracht".

Art. 3 enthält Abänderungen der Grundsteuer, und Art. 4 nimmt Bezug auf das Gesetz, die Besteuerung des Gewerbebetriebes im Umherziehen betr., vom 1. Juli 1878, sowie auf das Einkommensteuergesetz vom 2. Juli 1878. Art. 5 bestimmt:

„Reicht der Ertrag der in Art. 2 bezeichneten Steuern zur Deckung des durch direkte Steuern aufzubringenden Teils des Staatsbedarfs nicht aus, so wird der Fehlbetrag lediglich durch Zuschläge zur Einkommensteuer aufgebracht.

Dafern die Finanzlage des Staates eine Ermäßigung der direkten Steuern gestattet, so hat diese Ermäßigung nur bei der Grundsteuer und der Einkommensteuer und zwar bei beiden Steuern nach gleichem Prozentverhältnisse der Normalsteuer einzutreten.

In welchem Umfange Zuschläge zur Einkommensteuer zu erheben sind oder Ermäßigungen bei dieser und bei der Grundsteuer einzutreten haben, wird durch das Finanzgesetz bestimmt."

Durch das angeführte Gesetz ist also den Ständen die Möglichkeit genommen, die Art und Weise der Deckung des Staatsbedarfs selbst zu bestimmen, da nach seiner Vorschrift ein Fehlbetrag bei der Deckung durch die in Art. 2 bezeichneten Steuern nur durch entsprechende Erhöhung der Einkommensteuer zu decken, ein Mehrbetrag der in Art. 2 genannten Steuern andererseits nur eine Ermäßigung der Grundsteuer und der Einkommensteuer erlaubt. Da neben diesem Gesetze die anderen Steuergesetze über direkte und indirekte Steuern ihre Geltung behalten, die ihrerseits die zu erhebenden Steuern in bestimmten Sätzen begrenzen, so bleibt für ein materielles Steuerbewilligungsrecht der Stände kein Raum übrig.[1]

Den Umfang der Zuschläge zur Einkommensteuer, bzw. der Ermäßigungen bei dieser und der Grundsteuer soll nach Art. 5 Abs. 3 des angeführten Ges. das Finanzgesetz bestimmen. In

---

[1] A. a. O.

dieser Hinsicht ist also das Bewilligungsrecht der Stände anerkannt. Aber gerade die Prüfung der Höhe dieser Zuschläge und Ermäßigungen ist ganz und gar abhängig von einer Prüfung der Einnahmen und Ausgaben des Budgets. Haben die Stände das Recht, auf die Höhe der Zuschläge und Ermäßigungen bestimmend einzuwirken, so ist damit mittelbar auch ihr Mitbestimmungsrecht über die Einnahmen und Ausgaben des Etats anerkannt.

Im Budgetrecht der sächsischen Stände hat sich somit der Schwerpunkt auf das Einnahme- und Ausgabebewilligungsrecht gelegt. Dem entspricht völlig die Auffassung des Gesetzes über den Staatshaushalt vom 1. Juli 1904, das von einem Steuerbewilligungsrechte der Stände überhaupt nicht mehr redet. § 1 des Gesetzes sagt:

> „Die Führung des Staatshaushaltes erfolgt nach Maßgabe des verfassungsmäßig festgestellten Voranschlags der Einnahmen und Ausgaben des Staates usw.
>
> Der Veranschlagung im Staatshaushaltsetat unterliegen alle Einnahmen und Ausgaben des Staates usw."

Von „Ausgabebewilligung" ist die Rede in § 2 Abs. 6, § 3 Abs. 2, § 5 Abs. 1 und 2, § 7, § 8 und § 10 Abs. 3. Wenn ferner § 10 Abs. 1 bestimmt, daß Etatüberschreitungen und außeretatmäßige Ausgaben der nachträglichen Genehmigung der Stände bedürfen, so ist als selbstverständlich vorausgesetzt, daß die etatmäßigen Ausgaben bereits die Genehmigung der Stände bei der ordentlichen Etatberatung gefunden haben. Wenn endlich § 10 Abs. 3 sagt:

> „Unter einem Ausgabetitel im Sinne dieses Gesetzes ist jede Ausgabebewilligung eines Haupt- oder eines Unteretats zu verstehen, die einer selbständigen Beschlußfassung der Ständeversammlung unterlegen hat,"

so ist die Meinung des Gesetzes offenbar die, daß Ausgabebewilligungen überhaupt der Beschlußfassung der Ständeversammlung unterliegen.

So hat sich das alte Steuerbewilligungsrecht der Verfassungsurkunde vom 4. September 1831 nach und nach zu einem Budgetbewilligungsrechte ausgewachsen. Allerdings war den Ständen von Beginn der Verfassung an das Recht eingeräumt, sich einen Überblick über den Staatshaushaltsetat zu verschaffen, sie durften die Ansätze des Etats prüfen[1] und deshalb Erinnerungen machen und hatten das Recht, sich über die Voranschläge zu entschließen (§ 97 VU.), aber dies alles doch nur auf Grund ihres Steuerbewilligungsrechts, kraft dessen sie den Unterschied zwischen Einnahmen und Ausgaben im Etat deckten. Die Steuerfeststellung ist jedoch der unselbständigste Bestandteil der Ordnung des Staatshaushalts und wird nur im Zusammenhange mit dem ganzen Etat verständlich. Die Ableitung der Mitwirkung der Stände an der Aufstellung des Budgets aus dem Steuerbewilligungsrechte ist „historisch zu erklären, sachlich aber verkehrt".[2] Daher wurde diese ältere Auffassung dadurch auch berichtigt, daß sich das Recht der Stände zur Prüfung der Einnahmen und Ausgaben des Staates auf Grund ihres Steuerbewilligungsrechts nach und nach zu einem selbständigen Rechte der Einnahme- und Ausgabebewilligung erweiterte. Es war damit der für den konstitutionellen Staat sachlich richtigere Standpunkt gewonnen, wonach sich ein Mitwirkungsrecht der Stände an der Aufstellung des Etats auch auf dessen Hauptbestandteile, die Einnahmen und Ausgaben, selbständig erstrecken muß und nicht dazu auf dem Umwege der in Ansehung der Ausgaben und Einnahmen notwendigen Deckung gelangen darf.

---

[1] „Aus dem Prüfungsrecht des Budgets", sagt JELLINEK, „ergibt sich tatsächlich ein Feststellungsrecht desselben, welches in der Regel von nicht geringerer praktischer Bedeutung ist, als die verfassungsmäßige Notwendigkeit einer Vereinbarung des Budgets zwischen Krone und Volksvertretung." Art. Budgetrecht i. Hwbch. d. Staatsw. 2. Bd. S. 1172.

[2] FRICKER, S. Staatsrecht S. 226.

Viertes Kapitel.

Das Budgetrecht der sächsischen Stände nach Inhalt und Wirkung.

I. Inhalt des ständischen Budgetrechts.

§ 16.

a) Allgemeines.

Bevor wir uns der Untersuchung über den Inhalt des sächsischen Budgetrechts zuwenden, müssen wir zum Verständnis des späteren noch einiges über die Einrichtung des sächsischen Etats vorausschicken.

Seiner Natur als Wirtschaftsvoranschlag gemäß gliedert er sich in einen Etat der Einnahmen und einen solchen der Ausgaben. Jener führt den Namen „Etat der Überschüsse" und umfaßt nach LÖBE[1] „diejenigen Betriebs- und Verwaltungszweige, deren ganze Bestimmung es ist, Einnahmequellen für den Staat zu bilden, und welche deshalb auch entweder nur Einnahmen haben oder deren Einnahmen (wenigstens der Regel nach) größer sind als die Ausgaben". Dieser, „Etat der Zuschüsse" genannt, „schließt diejenigen Betriebs- und Verwaltungszweige in sich, von denen Einnahmen entweder überhaupt nicht oder doch nur nebenbei erwartet werden können und bei welchen deshalb (mindestens der Regel nach) die Ausgaben größer sind als die Einnahmen".

Der Etat der Überschüsse enthält in zwei Abschnitten die Nutzungen des Staatsvermögens und der Staatsanstalten, soweit diese als gewerbliche Unternehmungen Einkünfte abwerfen, sowie die Steuern und Abgaben, insgesamt in 20 Kapiteln (in der Finanzperiode 1902/1903). Der Etat der Zuschüsse enthält in 10 Abschnitten hauptsächlich die allgemeinen Staatsbedürfnisse, den Bedarf des Gesamtministeriums, der einzelnen Ressortministerien und die Ausgaben zu Reichszwecken, insgesamt in 99 Kapiteln (1902/1903). Die Kapitel werden in Titel gegliedert, gegebenen-

[1] LÖBE, Staatshaushalt S. 27.

falls auch noch in Untertitel. Hierzu bestimmt § 2 Abs. 2, 3 und 4 des Ges. vom 1. Juli 1904:

„Der ordentliche Etat ist nach Kapiteln und Titeln aufzustellen. Die Kapitel haben den Anteil der einzelnen Verwaltungszweige an den Einnahmen und Ausgaben nachzuweisen. Die Titel sind dazu bestimmt, die Einnahmen und Ausgaben je nach ihrer Art in einheitliche Gruppen zu zerlegen, für die Ausgaben aber zugleich deren Zweck und den Höchstbetrag der der Verwaltung zur Verfügung gestellten Mittel anzugeben. Soweit Ausnahmen nicht in § 6 vorgesehen sind, darf der Zweck einer Ausgabe nicht so bezeichnet werden, daß er nicht deutlich erkennbar ist.

Die Ausgaben zerfallen in persönliche und sächliche Ausgaben. —

Die Titel dürfen in weitere Unterabteilungen zergliedert werden."

Wenden wir uns nun zu den Bestimmungen, die die Verfassungsurkunde über den Inhalt des Budgetrechts enthält. Es sind nur einige wenige allgemeine Grundsätze, die man aus ihr entnehmen kann.

§ 98 VU. bestimmt:

„Bei jedem ordentlichen Landtage wird den Ständen... ein Voranschlag des Staatsbedarfs für die zwei nächstfolgenden Jahre nebst den Vorschlägen zu dessen Deckung möglichst bald nach Eröffnung des Landtages mitgeteilt."

Damit ist die Rechtspflicht der Regierung, den Ständen ein Budget zu unterbreiten, ausgesprochen. Denn unter „Voranschlag des Staatsbedarfs nebst den Vorschlägen zu dessen Deckung" ist nach heutigem Rechte das gesamte Staatsbudget zu verstehen. Daher redet auch § 1 Abs. 1 des Ges. vom 1. Juli 1904 unter Bezugnahme auf § 98 VU. von einem „verfassungsmäßig festgestellten Voranschlag der Einnahmen und Ausgaben des Staates".

Zur Beurteilung dieses Voranschlages werden den Ständen nach § 99 Abs. 1 VU.

„sowohl von der obersten Staatsbehörde, als auch auf

> ihren Antrag von den betreffenden Departementschefs die nötigen Erläuterungen gegeben, sowie Rechnungen und Belege mitgeteilt."

Auf Grund dieser Unterlagen wird es den Ständen ermöglicht, die Ansätze des Etats genau zu prüfen. Wie die Verfassungsurkunde dem Rechte der Steuerbewilligung in § 97 die Pflicht gegenüberstellt, für Aufbringung der erforderlichen Deckungsmittel zu sorgen, so will sie auch hier die Prüfung des Etats nach § 99 mehr von dem Gesichtspunkte einer Pflicht als eines Rechtes der Stände betrachtet wissen.[1]

Bei dieser Prüfung muß für die Stände der Ausgangspunkt die Erwägung sein, daß der Staat Mittel braucht, um leben zu können. Für deren Höhe bilden das Wohl des Staatswesens und die Möglichkeit, die Staatszwecke gehörig zu erfüllen, den Maßstab.[2] Halten die Stände Abstriche für unbedingt notwendig, so

> „muß dieses unter bestimmter und ausführlicher Nachweisung der Gründe dazu, sowie der Gegenstände, bei welchen, und der Art und Weise, wie ohne Hintansetzung des Staatszweckes Ersparnisse gemacht werden könnten, geschehen." (VU. § 100.)

Die Stände sollen nach Auffassung der Verfassungsurkunde bei einer Versagung der geforderten Mittel nicht nur als verneinende Kraft wirken, sondern, wenn sie „Nein" sagen wollen, Wege und Mittel angeben, wie auch ohne die Forderungen der Regierung die Aufgaben des Staates genügend erfüllt werden können.

Das Bewilligungsrecht der Stände erstreckt sich grundsätzlich auf alle Einnahmen und Ausgaben des Staates. § 1 Abs. 2 des Ges. vom 1. Juli 1904 sagt:

---

[1] Aus dieser Auffassung der Verfassungsurkunde folgert Opitz (Staatsrecht II S. 102): „Würden die Stände die Bewilligung des Staatshaushaltsetats überhaupt oder einzelner Teile desselben grundlos versagen, so würden sie damit gegen die ihnen durch die Verfassungsurkunde auferlegte Pflicht und deshalb verfassungswidrig handeln." Dies ist zweifellos richtig. Nur scheint uns der Fall, daß die Stände auch nach ihrer eigenen Überzeugung „grundlos versagen", unpraktisch. Sind sie aber bei ihrer Versagung bona fide, so kann man ihr Verhalten nicht als pflicht- und verfassungswidrig bezeichnen. Vgl. Seidler, Budget u. Budgetrecht S. 178.

[2] Opitz, a. a. O. — Leuthold S. 193.

„Der Veranschlagung im Staatshaushaltsetat unterliegen alle Einnahmen und Ausgaben des Staates . . .,“

und der Staatshaushaltsetat ist nach den Worten desselben § 1 (Abs. 1) „verfassungsmäßig festzustellen“. Auf die wenigen, gesetzlich fest umschriebenen Ausnahmen von Einnahme- und Ausgabeansätzen, die nach § 2 Abs. 2 d. angef. Ges. nicht in den Voranschlag aufzunehmen sind, kommen wir in den nächsten Abschnitten zurück. Doch sei schon hier bemerkt, daß auch diese Ausnahmen damit, daß sie im Budget nicht erscheinen, keineswegs dem ständischen Budgetrechte entzogen sind. Entweder wird über die dahingehörigen Ausgaben und Einnahmen den Ständen gesondert Rechnung gelegt, oder es werden die Nachweise über sie im Rechenschaftsberichte geführt, den die Regierung in jeder Finanzperiode den Ständen vorlegen muß.[1]

Das Bewilligungsrecht der sächsischen Stände ist ein vollständiges. Die Regierung soll grundsätzlich die Stände über die gesamte Finanzgebarung des Staates in Kenntnis setzen und sich ihres Einverständnisses über die Weiterführung der staatlichen Finanzwirtschaft nach einem feststehenden Plane versichern. Insoweit die vorherige Einwilligung der Stände aber nicht eingeholt werden konnte, wahrt die erforderliche nachträgliche Genehmigung die Einhaltung dieses Grundsatzes. Im einzelnen freilich wird er mannigfach von Ausnahmen durchbrochen. Dies wird sich deutlicher zeigen, wenn wir das ständische Einnahme- und Ausgabebewilligungsrecht näher ins Auge fassen.

§ 17.

b) Die Einnahmen.

I. Die Frage, ob es in Sachsen einer Bewilligung der Einnahmen des Staates durch die Volksvertretung bedarf, haben wir grundsätzlich schon bejaht, wenn wir den Kammern das volle Budgetrecht als ihr verfassungsmäßiges Recht zusprachen. Dieses besaßen sie unter der Herrschaft des Steuerbewilligungsrechts noch nicht, weil dort dem Bewilligungsrechte der Stände eine

[1] Vgl. unten § 23.

feste Schranke errichtet war, die sie lediglich auf die Einnahmen verwies, die aus den direkten und indirekten Landesabgaben flossen (§ 96 VU.), und damit mittelbar Einnahmen aus einer anderen Quelle der ständischen Bewilligung entzogen hatte.

Das volle Einnahmebewilligungsrecht, wie es sich nach heutigem Rechte darstellt, hat jedoch mehr eine grundsätzliche, als praktische Bedeutung. Denn es findet seine Grenzen in zahlreichen Gesetzen, die Einnahmen regeln oder festsetzen.[1] Diesen Gesetzen verleiht das ständische Einnahmebewilligungsrecht keineswegs erst ihre Wirksamkeit. Die Kammern sind vielmehr genau so an sie gebunden, wie die Regierung, die auch nicht gesetzlich festgelegte Einnahmen aus dem Staatsvoranschlage weglassen darf. Allen derartigen Einnahmeansätzen des Etats gegenüber kann also von einer Bewilligung nicht die Rede sein. Die Tätigkeit der Stände beschränkt sich bei ihnen auf die Prüfung ihrer Gesetzmäßigkeit und nur, soweit das betreffende Gesetz einen Spielraum läßt, auf die Höhe der Ansätze. Abstriche und Erhöhungen können die Stände hier nur nach Maßgabe der gesetzlichen Grundlage machen. Dabei ist allerdings eine Meinungsverschiedenheit zwischen Regierung und Ständen über die Auslegung eines solchen Einnahmen begründenden Gesetzes denkbar. In diesem Fall würde das Einnahmebewilligungsrecht der Stände allein für ihre Meinung noch nicht den Ausschlag geben.

Auch hinsichtlich der Landesabgaben ist, wie wir bereits dargetan haben, das Bewilligungsrecht der Stände so beschränkt, daß man fast nur noch von einem formellen Steuerbewilligungsrechte reden kann. Denn auch die Art der Steuern, aus denen ein Fehlbetrag im Budget zu decken ist oder denen ein Mehrbetrag zugute kommen soll, ist gesetzlich festgelegt. Hinsichtlich der Steuern bedarf es aber der besonderen, wenn auch nur formellen ständischen Genehmigung deshalb, weil ohne sie für die Ausschreibung und Erhebung der Landesabgaben die eine erforderliche gesetzliche Grundlage fehlen würde. Daß diese Genehmigung gelegentlich der Etatberatung erteilt wird, ist nicht Gesetzesvorschrift, sondern geschieht aus praktischen Gründen.

[1] G. Meyer, D. Staatsrecht § 205, S. 754.

Die Höhe der jeweiligen Einhebungen einiger Steuern hängt allerdings von der Bewilligung der Stände ab. Allein sie steht wieder im engsten Zusammenhange mit den Ausgaben. Da ein Mehr des Ausgabeetats, der seinerseits der ständischen Bewilligung bedarf, nur aus bestimmten Mitteln gedeckt werden kann, so binden sich die Stände selbst durch Bewilligung der höheren Ausgaben.

Eine besondere Art der Abgaben sind die Gebühren, die für Amtshandlungen der Behörden von denen, welche diese Handlungen veranlaßt haben, oder für die Benutzung von Staatsanstalten erhoben werden. Sie beruhen teils auf Reichsgesetzen, teils auf landesrechtlichen Normen. Die Natur dieser Grundlage lehrt bereits, daß es auch zu ihrer Erhebung der ständischen Bewilligung nicht bedarf. Die Höhe ihrer Veranschlagung im Etat beruht auf der Erfahrung. Gegen sie können sich natürlich Einwendungen der Stände und das Verlangen auf Abänderungen richten.

Ein großer Teil der Einnahmen im Etat beruht endlich auf den Erträgnissen des Staatsvermögens. Diese Nutzungen, die aus Liegenschaften, gewerblichen Betrieben, nutzbaren Kapitalien und Rechten fließen, dienen wie die Landesabgaben zur Deckung des Staatsbedarfs. Sie sind gemäß § 1 Abs. 2 d. Ges. vom 1. Juli 1904 im Etat zu veranschlagen. Allein von einer Bewilligung dieser Einnahmen durch die Stände kann man nicht reden. Denn sie beruhen zum Teil auf Faktoren, die vom Willen der Regierung und der Stände ganz unabhängig sind. Es wäre widersinnig zu sagen, die Stände bewilligen, daß ein Kammergut oder ein Bergwerk so und so viel einbringt. Bei diesen Einnahmen bedeutet die ständische Bewilligung nicht mehr als eine Billigung der Grundsätze, die bei der Aufstellung der etatmäßigen Ansätze maßgebend waren. Die hier in Frage kommenden Summen sind gewöhnlich Durchschnittssätze aus mehreren unmittelbar vorausgegangenen Wirtschaftsperioden.

Von der Regel, daß die Nutzungen des Staatsvermögens den laufenden Einnahmen beizuzählen und zur Deckung der laufenden Ausgaben zu verwenden seien, machen die Erträgnisse der zu bestimmten Zwecken begründeten staatlichen Fonds eine Ausnahme. Sie sollen dem Vermögen jener Fonds zuwachsen oder sind sonst bestimmungsgemäß zu verwenden. Auch werden sie im Staatshaushaltsetat nicht mit veranschlagt (§ 1 Abs. 2a d. Ges. vom 1. Juli 1904). Allein dem Einfluß des ständischen Budgetrechts sind sie nicht entzogen. Die Fonds beruhen entweder auf Gesetzen oder sind doch mit ständischer Zustimmung begründet. Aber nicht genug, daß sie nicht ohne Einwilligung der Stände entstehen können, ist nach Vorschrift des § 34 Z. 4 d. Ges. vom 1. Juli 1904 in den Rechenschaftsbericht, der den Ständen in jeder Finanzperiode mitgeteilt werden muß,

> „eine Übersicht der staatlichen Bestände (Fonds) zu bestimmten Zwecken“

aufzunehmen.[1]

II. Erweist sich angesichts der genannten Einnahmearten das ständische Bewilligungsrecht vielfach als begrenzt und eingeengt, so kommt es dagegen zur vollen Geltung bei neuen Einnahmen, sowie bei Einnahmen durch Anleihen und durch Veräußerungen des Staatsvermögens.

Sofern die Regierung in den Staatsvoranschlag eine Einnahme aus einer erst neu zu eröffnenden Quelle ansetzt, bedarf sie zu deren Einhebung der Bewilligung der Stände. Diese können sie nach freiem, wenn auch pflichtmäßigen Ermessen gewähren oder versagen.

Die Einnahmen durch Anleihen des Staates treten hauptsächlich bei der Deckung des außerordentlichen Etats auf. Die Verfassungsurkunde bestimmt über sie in § 105 Abs. 1:

> „Ohne Zustimmung der Stände kann kein Anlehn gültig gemacht werden.“

Auch der Bewilligung dieser Einnahmen steht die Volksvertretung völlig frei gegenüber.

Endlich haben wir noch die Einnahmen aus dem Staatsvermögen zu betrachten. Mit dem Worte „Staatsgut“ bezeichnet die Verfassungsurkunde einen festumschriebenen Teil des Staatsvermögens, „eine einzige unteilbare Gesamtmasse“, die aus dem besteht,

---

[1] Löbe, Staatshaushalt S. 20, 67, 101.

„was die Krone an Territorien, Ämtern, Kammergütern, Domänen, den dazu gehörigen Fluren, Gebäuden und Inventarien, Grundstücken, Forsten und Mühlen, Berg- und Hüttenwerken, Kuxen, Regalien, Amtskapitalien, Einkünften, nutzbaren Rechten, öffentlichen Anstalten, Beständen, Außenständen und Vorräten jeder Art und sonst besitzt und erwirbt" (§ 16 VU.).

Diesem Staatsgut ist der zweite Abschnitt der Verfassungsurkunde gewidmet. Von den Erträgnissen daraus haben wir schon gesprochen. Sie bleiben den Staatskassen überlassen (§ 17 VU.), und von einer eigentlichen Bewilligung kann bei ihnen nicht die Rede sein. Anders steht es dagegen mit Veräußerungen von Teilen des Staatsgutes. § 18 Abs. 1 VU. sagt:

„Das Staatsgut ist stets in seinen wesentlichen Bestandteilen zu erhalten und kann daher ohne Einwilligung der Stände weder durch Veräußerungen vermindert, noch mit Schulden oder anderen Lasten beschwert werden."

Demnach soll nach Möglichkeit Staatsgut überhaupt nicht veräußert werden. Liegt aber doch ein wichtiger Grund dafür vor, so bedarf die Regierung zu dem Veräußerungsakte die Genehmigung der Stände. Keinesfalls sollen aber solche Einnahmen aus Bestandteilen des Staatsgutes zur Deckung laufender Ausgaben verwendet werden. Sie sind vielmehr zu kapitalisieren. § 18 Abs. 3 VU. bestimmt:

„Die Kaufgelder sind, sobald sich eine vorteilhafte Gelegenheit findet, zu Erwerbung inländischen Grundeigentums anzuwenden, inzwischen aber auf eine andere zweckmäßige Weise werbend anzulegen."

Über die Verwaltung des Staatsgutes ist den Ständen bei jedem ordentlichen Landtage Bericht zu erstatten (§ 18 Abs. 5 VU.).[1] Die Einnahmen aus Veräußerungen von Teilen des Staatsgutes unterliegen nicht der Veranschlagung im Staatshaushaltsetat, sondern finden im sogenannten Domänenfond ihren ordnungsmäßigen Nachweis (§ 1 Abs. 2b d. Ges. vom 1. Juli 1904).

Das Verwaltungsvermögen des Staates ist im Gegensatz

---

[1] Vgl. Bülau, Verfassung u. Verwaltung d. Kgr. Sachsen S. 210.

zu dem in § 16 VU. bestimmten Staatsgute, das durch die Krone dem Staate zugeflossen ist, der Teil des Staatsvermögens, den der Staat als solcher für Verwaltungs- oder auch Erwerbszwecke besitzt.[1] Es gehören dazu sowohl Grundstücke, Gebäude, Inventar usw., als auch Bergwerke, Eisenbahnen, Werkstätten u. a. Die Veräußerung von Teilen dieses Verwaltungsvermögens unterliegt nicht, wie die des Staatsgutes, verfassungsrechtlichen Beschränkungen. In bezug auf Grundstücke von erheblichem Umfange und Werte trifft jedoch § 18 d. Ges. vom 1. Juli 1904 die Bestimmung, daß es zu ihrer Veräußerung der Einwilligung der Stände bedarf:

> „Zum Staatsvermögen, aber nicht zum Staatsgute im Sinne von §§ 16 bis 18 der Verfassungsurkunde gehörige Grundstücke dürfen, insofern sie von erheblichem Umfange oder erheblichem Werte sind, nur mit Zustimmung der Stände veräußert werden.“

Soweit aber auch über den Rahmen dieser Vorschrift hinaus Veräußerungen von Teilen des Verwaltungsvermögens vorgenommen werden, müssen die Einnahmen hieraus als Ansatz im Staatsvoranschlag erscheinen, der ohne sie ein unvollständiger wäre (Ges. vom 1. Juli 1904 § 1 Abs. 2). Die Stände können kraft ihres Budgetrechts ihre Genehmigung dazu erteilen oder versagen. Abgesehen davon müßte aber bei einem großen Teile von Gütern dieses Verwaltungsvermögens zu ihrer Veräußerung die Genehmigung der Stände auch deshalb eingeholt werden, weil die Zwecke, denen sie dienen, im Verein mit den Ständen durch Gesetze festgelegt sind und darum die Erfüllung dieser Zwecke nicht einseitig von der Regierung unmöglich gemacht werden kann.[2]

---

[1] Vgl. Löbe, Staatshaushalt S. 61.

[2] Löbe (Staatshaushalt S. 11) leitet das ständische Bewilligungsrecht gegenüber der Veräußerung von Teilen des Verwaltungsvermögens und den Einnahmen hieraus, sofern diese zur Deckung des Staatsbedarfs herangezogen werden, aus der Erwägung her, daß durch Schmälerungen der Substanz dieses Vermögens Ausfälle in den Nutzungen entstehen, für die Ersatz in Deckungsmitteln gesucht werden muß. Diese Mittel kann sich die Regierung nicht einseitig verschaffen. U. E. könnte dieser Gesichtspunkt doch nur für den Teil der Deckungsmittel in Betracht gezogen

Über die Veräußerung von Grundstücken des Verwaltungsvermögens, sowie über die Erträge aus der Ablösung der mit solchen Grundstücken verbundenen Rechte bestand schon seit den 70er Jahren zwischen Regierung und Ständen die Vereinbarung, daß derartige Einnahmen nicht als solche der laufenden Verwaltung zu behandeln, sondern dem Staatsvermögen zuzuführen seien.[1] Im Anschluß an diese Vereinbarung bestimmt § 1 Abs. 2 d. Ges. vom 1. Juli 1904:

> „Der Veranschlagung im Staatshaushaltsetat unterliegen alle Einnahmen und Ausgaben des Staates mit Ausnahme:
>
> . . . c) der, soweit nicht im Etat selbst gegenteilige Anordnungen getroffen sind, den beweglichen Vermögensbeständen des Staates zuzuführenden Einnahmen aus der Veräußerung von zum Staatsvermögen, nicht aber zum Staatsgute im Sinne der §§ 16 bis 18 der Verfassungsurkunde gehörigen Grundstücken und aus der Ablösung der mit solchen Grundstücken verbundenen Rechte.“

Soweit aber diese Ausnahme nicht Platz greift, unterliegen alle Einnahmen aus Veräußerungen von Teilen des Verwaltungsvermögens der Veranschlagung im Etat.

§ 18.

c) Die Ausgaben.

Die verfassungsmäßige Begründung des Ausgabebewilligungsrechts der sächsischen Stände haben wir bereits nachgewiesen. Wir können uns daher gleich der Untersuchung dieses Rechts in seiner Bedeutung für die einzelnen Ausgaben zuwenden.

Schon die Betrachtung des Einnahmebewilligungsrechts hat gelehrt, daß die Ansätze im Etat sich nicht in gleicher Weise der ständischen Bewilligung unterordnen, sondern daß die einen mehr oder minder Beschränkungen des Bewilligungsrechts in sich

---

werden, der nicht unter die von den Ständen nach § 97 VU. pflichtmäßig zu beschaffenden fällt. Es bedarf aber dieser Ableitung gar nicht, da den sächsischen Ständen das volle Einnahmebewilligungsrecht zusteht.

[1] Löbe, Staatshaushalt S. 67.

tragen, die anderen der freien Festsetzung der Stände unterliegen. Nicht anders ist es bei den Ausgaben.

Laband sagt in seinem Staatsrecht des deutschen Reiches:[1] „Hält man den obersten Grundsatz des konstitutionellen Staatsrechts fest, daß das bestehende Recht und die rechtlich begründeten Institutionen des Staates nur unter Übereinstimmung von Souverän und Volksvertretung, nicht einseitig von einem dieser beiden Organe verändert werden dürfen, so ergibt sich als unabweisliche Konsequenz, daß der Reichstag nicht einseitig die bestehenden Gesetze durch Verweigerung der zu ihrer Ausführung notwendigen Mittel suspendieren oder aufheben kann, daß es nicht alljährlich in sein Belieben gestellt sein kann, die Fortgeltung der Reichsgesetze und die Fortdauer der Reichsinstitute zu genehmigen oder zu unterdrücken.“ Damit ist ein Rechtsgrundsatz des allgemeinen konstitutionellen Staatsrechts ausgesprochen, der in gleicher Weise, wie für das Reich, auch für den sächsischen Staat gilt. Aus ihm folgt, daß das Ausgabebewilligungsrecht der sächsischen Stände durch Gesetze und staatliche Einrichtungen beschränkt wird. Ausgaben zur Ausführung und Aufrechterhaltung dieser Gesetze und Einrichtungen unterliegen nicht der freien Bewilligung der Stände, sondern müssen genehmigt werden. Das Bewilligungsrecht kann unmöglich die Bedeutung haben, daß dadurch erst alle die Gesetze wirksam würden, die selbst Ausgaben festsetzen oder zu deren Durchführung Ausgaben erforderlich sind. „So wenig der Landtag das bestehende Recht und die gesetzlich bestehenden Einrichtungen des Staates direkt durch einseitige Beschlüsse ohne Zustimmung der Krone aufheben kann, ebensowenig kann er es indirekt tun durch Verweigerung der zu ihrer Durchführung erforderlichen Ausgaben.“[2] Soweit also Gesetze Ausgaben nach Art und Höhe bestimmen, bleibt für das ständische Bewilligungsrecht nur wenig übrig. Es beschränkt sich auf eine Prüfung der Übereinstimmung der betreffenden Ansätze mit dem Gesetz. Anders da, wo die Bestimmung

[1] Laband, Staatsrecht II. Bd. S. 946.

[2] Laband, Budgetrecht nach den Bestimmungen der preußischen Verfassungsurkunde S. 35. — Vgl. G. Meyer, D. Staatsrecht § 205, S. 754.

der Höhe der Ausgaben sich nach dem jeweiligen Bedürfnis richten soll. In diesem Fall haben die Stände zwar auch kein Verweigerungsrecht, aber sie können die Angemessenheit der betreffenden Ansätze an der Hand des Bedürfnisses und des Gesetzeszweckes prüfen und Ausstellungen machen, wo nach ihrer Meinung in dieser Hinsicht ein Widerspruch vorhanden ist.

Das Ausgabebewilligungsrecht der Stände findet seine Grenze in der gesetzlich feststehenden Organisation des Staates. Es ist hier nicht unsere Aufgabe, erschöpfend darzutun, durch welche Gesetze das ständische Bewilligungsrecht eingeschränkt wird, aber wir wollen doch wenigstens einiger Hauptfälle gedenken.

Einen wichtigen Teil im Ausgabebudget machen die Verzinsung und Tilgung der Staatsschulden aus. Sie werden durch die Anleihegesetze selbst geregelt,[1] die allerdings nur mit Zustimmung der Stände ergehen können (VU. § 105). Soweit nun diese Tilgungs- und Zinssummen als Ansätze im Etat erscheinen, bedarf es dazu keiner besonderen Bewilligung der Stände. Der Staat ist zur Leistung dieser Ausgaben aus den Anleihegesetzen verpflichtet, und die Stände dürfen ihn an der Erfüllung dieser Pflicht nicht hindern. Dazu bestimmt das Gesetz vom 29. September 1834, betreffend die Einrichtung der Staatsschuldenkasse, in § 5, daß aus den Mitteln der laufenden Verwaltung die Zinsen und Tilgungssummen der Staatsschulden aufgebracht werden müssen und daß dazu die bereitesten und sichersten Staatseinkünfte zu verwenden sind.[2]

Auch die Zivilliste des Königs und die Gebührnisse des Königlichen Hauses sind nicht der freien Bewilligung der Stände unterstellt. Gemäß § 22 VU. ist die Zivilliste, die in einer jährlichen Geldleistung aus der Staatskasse besteht, mit den Ständen auf die jedesmalige Dauer der Regierungszeit des Königs zu verabschieden. Da sie nach der Verfassungsurkunde als Äquivalent

---

[1] Eine Ausnahme bedeutet die Rentenanleihe von 1876, indem das maßgebende Gesetz v. 6. Juni 1876 § 8 vorschreibt, die Tilgung solle in der Weise geschehen, daß die durch das Staatsbudget dazu bestimmten Mittel zum Ankauf eines entsprechenden Betrages von Schuldverschreibungen zu verwenden sind. Vgl. Löbe, Staatshaushalt S. 73, 74.

[2] Vgl. Fricker, S. Staatsrecht S. 206 flg. — Löbe, Staatshaushalt S. 73, 74.

für die den Staatskassen überwiesenen Nutzungen des Königlichen Domänengutes zu betrachten ist, so unterliegt die Bewilligung der Zivilliste durch die Stände insoweit einer Beschränkung, als die den Staatskassen überwiesenen Nutzungen verfassungsmäßig wieder dem König zustehen würden, wenn die Zivilliste nicht mindestens in der in § 22 VU. genannten Höhe verabschiedet wird.[1] Tatsächlich ist die Zivilliste gegenwärtig viel höher als die dort angegebene Summe von 500 000 Talern. Hinsichtlich des Mehrbetrages ist das Bewilligungsrecht der Stände aber ein freies. Denn wenn auch die den Staatskassen überlassenen Domänen heute selbst das Mehrfache der tatsächlich geleisteten Zivilliste einbringen, so sollte doch die in der Verfassungsurkunde genannte Summe immer als Äquivalent für jene Erträgnisse gelten. Soweit daher die Zivilliste der Höhe nach verfassungsmäßig begründet ist, bedeutet ihre Festsetzung einen Vertrag zwischen Regierung und Ständen, soweit sie aber diese Höhe überschreitet, fällt ihre Festsetzung in den Bereich des ständischen Budgetbewilligungsrechts.

In gleicher Weise sind die Gebührnisse des Königlichen Hauses, die Apanagen, Wittümer, Etablissementsgelder und Aussteuern gesetzlich geordnet. Auf Grund des § 23 VU. sind sie im V. Abschnitt §§ 16—41 des Königlichen Hausgesetzes vom 30. Dezember 1837 unter Zustimmung der Stände endgültig geregelt. Soweit die hier ausgeworfenen Summen im Budget erscheinen, unterliegen sie nicht dem Bewilligungsrechte der Stände. Sollten sie aber diese Höhe übersteigen, so bedarf es für die Mehrforderung der ständischen Zustimmung.[2]

Die Kosten des Landtages sind gesetzlich festgelegte Positionen des Etats, insofern sie sich auf die den Ständemitgliedern zu zahlenden Tage- und Reisegelder beziehen. Sie können daher von den Ständen nicht gestrichen werden. Doch ist hierbei zu bemerken, daß die einschlägigen Gesetzesstellen (§ 120 VU., Landtagsordg. § 38) nur die genaue Unterlage für die Berechnung der Kosten für jedes einzelne Ständemitglied geben, daß es aber den Ständen unbenommen ist, bei der Budgetberatung diese Berech-

[1] Vgl. Fricker, S. Staatsrecht S. 209 flg. — Löbe, Staatshaushalt S. 82 flg.
[2] Vgl. Fricker, S. Staatsrecht S. 211 flg. — Löbe, Staatshaushalt S. 86 flg.

nungen auf ihre gesetzliche Grundlage hin zu prüfen und, wenn sie Ansätze höher als zulässig finden, Abstriche zu machen.

Es gibt ferner im Budget eine große Menge von Ansätzen, zu deren Leistung der Staat kraft Gesetzes verbunden ist. Diese Ausgaben müssen grundsätzlich bewilligt werden, aber im einzelnen bleibt den Ständen mannigfache Freiheit zur Abänderung der Ansätze. Auch ohne die Bewilligung würde der Staat leistungspflichtig bleiben. Die Berechtigten könnten ihre Forderungen gerichtlich einklagen. Hierher gehören die zahlreichen Beamtengehälter, Pensionen, Wartegelder usw.

Eine ähnliche Stellung, wie die Ausgaben, zu deren Entrichtung der Staat kraft Gesetzes verbunden ist, nehmen die Ansätze im Ausgabeetat ein, die auf Grund von Verträgen des Staates gefordert werden. Auch ihnen gegenüber ist das ständische Bewilligungsrecht beschränkt oder ganz unwirksam. Soweit aus Zoll-, Steuer- und Handelsverträgen, die Sachsen vor dem Beitritt zum Norddeutschen Bunde mit anderen Staaten abgeschlossen hatte, Abgaben zu erheben waren, bedurfte es dazu schon nach § 96 VU. keiner besonderen Bewilligung der Kammern, und ebenso auch nicht zu einer Erhöhung oder Herabsetzung dieser Abgaben im Rahmen der Verträge. Aber die Verfassungsurkunde machte dabei doch die Voraussetzung, daß diese Zoll-, Steuer- und Handelsverträge unter Zustimmung der Kammern abgeschlossen worden wären. Auf diese Weise war den Ständen immerhin ein erheblicher Einfluß auf die Gestaltung der Verträge eingeräumt, und man kann die Abgaben auf Grund solcher Verträge als mittelbar bewilligt bezeichnen. Will die Regierung Staatsverträge abschließen, durch die sie zu Ausgaben verpflichtet würde, so bedarf sie dazu keiner Genehmigung der Volksvertretung. Sie wird aber gut tun, sich der ständischen Zustimmung vorher zu versichern, weil sie im Falle einer Versagung durch die Stände in eine Zwangslage geraten würde. Haben jedoch die Stände einmal den Ausgaben aus solchen Verträgen zugestimmt, so sind sie und spätere Ständeversammlungen daran gebunden. Sie müssen die betreffenden Ausgaben bewilligen.

Auch durch Verträge des Staates mit Privatpersonen können dem ständischen Budgetrecht Grenzen gezogen werden. Derartige

Verträge bedürfen, insofern sie finanzielle Leistungen des Staates erforderlich machen, der Zustimmung der Stände. Erstreckt sich nun die Wirkung eines solchen Vertrages über die Dauer einer Finanzperiode hinaus, wie z. B. Verträge über die Ausführung eines Baues oder einer Eisenbahn, so darf der spätere Landtag die von dem früheren bewilligten Forderungen nicht ablehnen.[1] In der Praxis hat man wohl den Ausweg eingeschlagen, daß man die zur Ausführung solch langfristiger Verträge nötigen Summen nach einem Plane in Teilsummen zerlegt und jede dieser Teilforderungen von einem Landtage bewilligen läßt.

Im vorstehenden ist aber nur für einen bestimmten Kreis von Ausgaben des Budgets das Bewilligungsrecht näher bestimmt. Man würde zu weit gehen, wenn man für alle übrigen Ausgaben ein unbeschränktes Verweigerungsrecht der Stände gelten lassen wollte. Die Verfassungsurkunde selbst führt uns auf eine Einteilung, die hierbei von Nutzen ist. § 97 VU. bestimmt:

> „Die Stände haben die Verpflichtung, für Aufbringung des ordentlichen und außerordentlichen Staatsbedarfs ... zu sorgen. Sie haben dagegen das Befugnis, hierbei die Notwendigkeit, Zweckmäßigkeit und Höhe der Ansätze zu prüfen und deshalb Erinnerungen zu machen . . ."

Die Verfassungsurkunde gibt damit den Ständen das Prüfungsrecht hinsichtlich der Ansätze im Budget nicht schlechthin, sondern sie nennt zugleich die Gesichtspunkte, von denen aus die Prüfung geschehen soll: Notwendigkeit und Zweckmäßigkeit. Da nun in dem vorhergehenden Satze des angeführten Paragraphen den Ständen die Verpflichtung auferlegt wird, für Aufbringung des Staatsbedarfs zu sorgen, so kann die ganze Bestimmung nur den Sinn haben, daß die Stände für Deckung notwendiger und zweckmäßiger Ausgabeansätze im Etat zu sorgen verpflichtet sind, mithin derartige Ausgaben nicht verweigern dürfen.

[1] Opitz (II S. 113) vertritt die Meinung, daß eine derartige Bewilligung für eine spätere Finanzperiode ein verfassungswidriger Eingriff in die Rechte des späteren Landtages und darum unwirksam wäre, da durch die Bestimmung des § 98 VU., daß bei jedem ordentlichen Landtage ein Staatshaushaltsplan vorzulegen sei, das Bewilligungsrecht eines Landtages auf eine bestimmte Finanzperiode eingeschränkt werde.

Die sächsische Verfassungsurkunde ist mit dieser Bestimmung der württembergischen gefolgt, die hinsichtlich der ständischen Beurteilung der Staatsausgaben in ihrem § 110 die Begriffe Notwendigkeit und Nützlichkeit aufstellte, deren Bedeutung und Abgrenzung in der späteren Literatur über das Budgetrecht lange Zeit einen Streitpunkt bildeten. Es ist ohne weiteres zuzugeben, daß auch die Begriffe Notwendigkeit und Zweckmäßigkeit nur eine annähernd sichere Unterscheidung innerhalb der im Budget aufgestellten Ausgaben erlauben. Aber dennoch bilden sie eine Begrenzung gegenüber einem willkürlichen Steuerverweigerungsrechte und dazu, wie wir gesehen haben, eine gesetzlich begründete.

Die Frage, ob eine einzelne Ausgabe notwendig ist, läßt sich nur an der Hand der näheren Umstände untersuchen. Allgemein wird man als notwendig die Ausgaben bezeichnen müssen, deren der Staat zu einem natürlichen und gesunden Leben unbedingt bedarf, und ferner die, die ihm von Rechtswegen zukommen. Darum gehören hierher jene Ausgaben auf Grund von Gesetzen, deren wir schon eingehend gedachten, die rechtlich notwendigen, wie sie Fricker nennt.[1] Aber selbst neue Ausgaben können als notwendige in den Bereich der ständischen Bewilligungspflicht fallen. Zu den rechtlich notwendigen Ausgaben gesellen sich die tatsächlich notwendigen, die sich als unabweisbar vom Standpunkte der guten Verwaltung aus herausstellen.[2] Zweckmäßig ist eine Ausgabe, die die Erreichung des mit ihr verbundenen Zweckes auf dem ihm entsprechendsten Wege ermöglicht. Die Frage nach der Zweckmäßigkeit einer Ausgabe ist die Bewertung des erstrebten Zieles an der Hand der Mittel, die zu seiner Erreichung notwendig sind.

Damit haben wir die Ausgaben, die hinsichtlich des ständischen Bewilligungsrechtes eine besonders gesicherte Stellung einnehmen, erschöpft. Alles, was der Etat im übrigen an Ausgabeposten enthält, unterliegt der freien Bewilligung der Stände. Diese können sowohl in bezug auf die Höhe, als auch auf die Art der

---

[1] Fricker, S. Staatsrecht S. 228.

[2] Fricker, a. a. O.

Veranschlagung, als endlich auf den Ansatz der Ausgabe überhaupt ihre Ausstellungen richten und Änderungen verlangen.

Zweier besonderer Arten von Ausgaben gedenkt die sächsische Verfassungsurkunde ausdrücklich, indem sie das ständische Bewilligungsrecht in Rücksicht auf sie beschränkt. Es sind dies die sog. geheimen Ausgaben und die Ausgaben für den Reservefond. § 99 VU. bestimmt:

> „Ansätze für geheime Ausgaben können dabei (d. i. bei den Erläuterungen, Rechnungen und Belegen, die die Regierung den Ständen zur Beurteilung des Budgets mitteilen soll, § 99 Abs. 1 VU.) nur insoweit vorkommen, als eine schriftliche, von mindestens drei verantwortlichen Ministerialvorständen kontrasignierte Versicherung des Königs bezeugt, daß die Verwendung zum wahren Besten des Landes . . . stattfinden werde.“

Bei diesen geheimen Ausgaben kann es sich nur um solche Ausgaben handeln, deren Zweck aus irgendwelchem Grunde nicht bekannt gegeben werden kann, nicht etwa, wie Opitz richtig bemerkt, um Ausgaben, „deren Verwendungszweck vorläufig noch unbestimmt gelassen wird“.[1] Die Stände müssen sich die Einstellung jeder Summe, die auf diese Weise gefordert wird, gefallen lassen. Sie haben nicht das Recht, Auskunft zu verlangen und dürfen die Zustimmung zu dem Ansatze nicht verweigern. Aber es hindert sie nichts, die Einstellung zu hoher geheimer Ausgaben durch Ersparnisse an solchen Ausgaben wett zu machen, die ihrer freien Bewilligung unterliegen.[2]

Von dem Reservefond redet § 106 VU.:

> „Um die Regierung für unvorhergesehene Ereignisse mit den erforderlichen außerordentlichen Hilfsmitteln zu versehen, ist ein Reservefond zu bilden, welcher in das Budget aufgenommen und jedesmal bewilligt wird.“

Diese Bestimmung hat ihre Bedeutung im Laufe der Zeit fast gänzlich verloren, und es wird ihr nur noch als Formvorschrift genügt. Wenn die Verfassungsurkunde bestimmt, daß der Re-

---

[1] Opitz II S. 108.

[2] Fricker, S. Staatsrecht S. 230.

servefond „in das Budget aufgenommen und jedesmal bewilligt wird", so ist damit gesagt, daß seine Bewilligung nicht ins Belieben der Stände gestellt ist, sondern daß er bewilligt werden muß. Dagegen ist die Bewilligung hinsichtlich der Höhe keiner gesetzlichen Beschränkung unterworfen, unterliegt also dem Festsetzungsrechte der Stände.[1] Praktisch bildet der Reservefond heute ein bequemes Mittel, den Etat zu balancieren.[2] Sachlich ist der Wert seiner Einstellung ganz gering, denn für unvorhergesehene Ereignisse und für Fälle, wo außerordentliche finanzielle Leistungen gefordert werden, muß sich der Staat schließlich doch auf das Staatsvermögen und die Steuerkraft seiner Untertanen verlassen können.[3]

In den Etat werden überhaupt nicht eingestellt Ausgaben, die sich bei den in § 1 Abs. 2a und b d. Ges. vom 1. Juli 1904 aufgeführten Ausnahmefällen ergeben. Es handelt sich um Ausgaben bei staatlichen Beständen zu bestimmten Zwecken (Fonds) und ferner bei Veräußerungen von Teilen des Staatsgutes im Sinne der §§ 16—18 VU. Da diese Ausgaben im Etat nicht erscheinen, können sie auch nicht, wie die etatmäßigen Ansätze bewilligt, bzw. verweigert werden. Allein sie sind dem Budgetrechte der Kammern trotzdem unterworfen. Es wird über sie den Ständen besonders Rechnung gelegt.

§ 19.

d) Die Schranken des ständischen Budgetrechts nach der Verfassungsurkunde.

Auf § 97 VU., der den Ständen das Recht gibt, die Notwendigkeit, Zweckmäßigkeit und Höhe der Ansätze des Staatshaushaltes zu prüfen und deshalb Erinnerungen zu machen, haben wir schon hingewiesen. Die Verfassungsurkunde will mit der Aufstellung dieser drei Gesichtspunkte das ständische Budgetrecht fest umgrenzen. Haben die Stände an einem Ansatze des Etats weder die Notwendigkeit, noch die Zweckmäßigkeit, noch

[1] Fricker, a. a. O.
[2] Opitz II S. 109.
[3] Opitz, a. a. O.

die Höhe zu bemängeln, so müssen sie ihn bewilligen. Die Prüfung der Höhe der Ansätze ist die Frage nach dem Wieviel im Vergleich zu dem erstrebten Zwecke. Es ist eine Streitfrage, ob die Stände in dieser Hinsicht das Recht zu Erinnerungen nur haben, wenn sie einen Ansatz zu hoch finden, oder nicht auch dann, wenn ihnen seine Veranschlagung zu niedrig erscheint. § 100 VU. bestimmt nämlich: „Insofern die Stände bei Abgabe ihrer Erklärung über den aufzubringenden Bedarf auf Verminderung der verlangten Summen antragen, müssen sie die Gründe hierzu ausführlich nachweisen und zugleich angeben, wie ohne Hintansetzung des Staatszwecks die Ersparnisse gemacht werden können.“ Allein daraus folgt nur, daß es solch ausführlicher Nachweise nicht bedarf, wenn die Kammern auf Erhöhung der verlangten Summen antragen. Das Recht der Stände zur Erhöhung von Ansätzen ist § 100 VU. gegenüber ebenso festzuhalten, wie das Recht, den von ihnen verworfenen Ansätzen der Regierung eigene Vorschläge unter genauer Begründung und mit dem Nachweis der Möglichkeit von Ersparnissen entgegenzusetzen.[1] Diese Befugnisse der Stände ergeben sich schon aus dem ihnen verfassungsmäßig zustehenden Budgetbewilligungsrechte, dem § 100 VU. eben nur nach einer Seite hin eine Bedingung auferlegt.[2]

Wenn § 97 VU. den Ständen zur Pflicht macht, eine Ausgabe zu bewilligen, die sie für notwendig oder zweckmäßig und nicht zu hoch befunden haben, so versucht § 102 dem Bewilligungsrechte im Gegensatz zu dieser relativen eine absolute Schranke zu errichten. Er bestimmt:

> „Die ständische Bewilligung darf nicht an Bedingungen geknüpft werden, welche nicht das Wesen oder die Verwendung der Bewilligung unmittelbar betreffen.“

Man hat bei der Abfassung der Verfassungsurkunde viel Gewicht auf diese Bestimmung gelegt, die sich fast im gleichen Wortlaut auch in der württembergischen Verfassungsurkunde (§ 113) findet. Allein ihr Wert ist ein recht zweifelhafter. Man wollte durch sie verhindern, daß die Stände ihr Budgetrecht zur

---

[1] Fricker, S. Staatsrecht S. 228.

[2] Vgl. Löbe, Staatshaushalt S. 14.

Durchsetzung von Forderungen mißbrauchten, die inhaltlich gar nichts mit dem Etat zu tun hätten. Allein sehr richtig bemerkt v. GERBER, daß dieser Satz praktisch erfolglos sei, „da das Anknüpfen an Bedingungen stillschweigend geschehen kann“.[1] Doch fügt er gleich hinzu, daß für die prinzipielle Auffassung des ständischen Rechts jener Satz immerhin wichtig sei. Das Finanzgesetz „muß ins Leben treten, weil der Staat nicht ohne dasselbe bestehen kann. Daraus ergibt sich mit Notwendigkeit, daß die Regel des Zusammenwirkens der beiden Organe hier eine andere als bei der Verabschiedung sonstiger Gesetze sein muß, daß insbesondere das Bewilligungsrecht der Stände hier kein absolutes und subjektiv freies sein kann“.[2] Dagegen enthält der in § 102 VU. anerkannte positive Satz, daß die ständische Bewilligung an Bedingungen geknüpft werden darf, welche das Wesen oder die Verwendung der Bewilligung unmittelbar betreffen, nach FRICKER[3] keine rechtliche Begrenzung, sondern nur einen Ausdruck für den inneren Zusammenhang des ganzen Budgets und für das Recht der Stände zur Budgetbewilligung im ganzen.

Eine der wichtigsten Beschränkungen des ständischen Budgetrechts enthält § 89 VU. Dieser Paragraph hat eine zweimalige Abänderung erfahren. Er besagte in seiner ursprünglichen Fassung (gültig zur Zeit des Deutschen Bundes):

> „In Ausführung der vom Bundestage gefaßten Beschlüsse kann die Regierung durch die ermangelnde Zustimmung der Stände nicht gehindert werden. . . . Es müssen daher auch die zur Ausführung derselben erweislich erforderlichen Mittel aufgebracht werden, . . .“

Doch schloß § 89 die Mitwirkung der Stände „in Ansehung der Art und Weise der Aufbringung dieser Mittel“ nicht aus. Das Gesetz vom 5. Mai 1851 brachte in seinem § 1 eine von dem alten § 89 VU. abweichende Fassung, die aber inhaltlich im wesentlichen dasselbe besagte. Dagegen zeigt § 89 VU. nach der

---

[1] v. GERBER, Staatsrecht S. 167 Anm. 4.

[2] A. a. O.

[3] FRICKER, S. Staatsrecht S. 229. — Vgl. die Bemerkung FRICKERS in „Natur der Steuerverwilligung“, Tüb. Ztschft. f. d. ges. Staatswschft. 17. Bd., 1861, S. 690.

Verfassungsänderung des Jahres 1868 (Ges. vom 3. Dezember IV § 1) eine ganz neue Gestalt. Er lautet jetzt:

> „Das § 97 der Verfassungsurkunde vom 4. September 1831 gedachte Recht der Stände zur Beschlußfassung über den Staatsbedarf unterliegt den aus Artikel 2 und Artikel 70 der Verfassung des Norddeutschen Bundes sich ergebenden Beschränkungen.“

An die Stelle der Worte „Norddeutschen Bundes“ haben jetzt natürlich die Worte „Deutschen Reiches“ zu treten. Was § 89 besagt, ist schon auf Grund der Reichsverfassung auch in Sachsen geltendes Recht; er sagt etwas Selbstverständliches. Aber es ist für unseren Gegenstand von Wichtigkeit, auf diese Beschränkungen des sächsischen Budgetrechts durch die Reichsverfassung des näheren einzugehen.

Art. 2 RV. bestimmt, daß innerhalb des Bundesgebietes das Reich

> „das Recht der Gesetzgebung nach Maßgabe des Inhaltes dieser (d. i. der Reichs-) Verfassung und mit der Wirkung, daß die Reichsgesetze den Landesgesetzen vorgehen,“

ausübt. Damit ist zunächst noch nichts über das finanzielle Verhältnis des Reichs zu den Gliedstaaten gesagt. Aber es erhellt, daß das Reich durch seine Gesetze, die entgegenstehendes Landesrecht brechen, den nachhaltigsten Einfluß auf die Finanzen des Gliedstaates ausüben kann. In der Tat ist dies auch in reichlichem Maße geschehen. Die betreffenden Reichsgesetze richten sich entweder unmittelbar auf finanzielle Gegenstände, oder sie fordern auf mittelbarem Wege pekuniäre Leistungen von den Gliedstaaten. Zur ersten Gruppe gehören z. B. das Gesetz, betreffend den Zolltarif des deutschen Zollgebietes und den Ertrag der Zölle und der Tabaksteuer,[1] das Reichsstempelgesetz,[2] das Gesetz, betreffend die Besteuerung des Branntweins.[3] Zur zweiten Gruppe von Gesetzen, die mittelbar auf die Finanzkraft der Einzelstaaten einwirken, gehört z. B. das Gesetz, betreffend den

[1] RG. v. 15. Juli 1879 u. RG. v. 25. Dezember 1902.

[2] RG. v. 1. Juli 1881 u. RG. v. 14. Juni 1900.

[3] RG. v. 24. Juni 1887 u. RG. v. 7. Juli 1902.

Unterstützungswohnsitz.[1] Soweit nun in das sächsische Budget Einnahmen oder Ausgaben auf Grund solcher Reichsgesetze eingestellt werden, sind die Stände gar nicht vor die Frage der Bewilligung gestellt. Die Einnahmen, die aus den Überweisungen des Reiches von den Erträgnissen der Reichsstempel- und Branntweinverbrauchsabgaben, der Maischbottich- und Branntweinmaterialsteuer[2] erzielt werden, und ebenso die Ausgaben, die Sachsen z. B. zufolge des Gesetzes vom 6. Juni 1870 für das Landarmenwesen machen muß, werden durch das Mitwirkungsrecht der Stände an der Festsetzung des Budgets nicht berührt.

Aus dem Gesagten erhellt, daß das Budgetrecht der sächsischen Stände durch RV. Art. 2 in weitgehendstem Maße eingeschränkt wird. Nicht minder geschieht dies durch Art. 70 der Reichsverfassung. Er bestimmt (in der Fassung des RG. vom 14. Mai 1904):

> „Zur Bestreitung aller gemeinschaftlichen Ausgaben dienen zunächst die aus den Zöllen und gemeinsamen Steuern, aus dem Eisenbahn-, Post- und Telegraphenwesen, sowie aus den übrigen Verwaltungszweigen fließenden gemeinschaftlichen Einnahmen. Insoweit die Ausgaben durch diese Einnahmen nicht gedeckt werden, sind sie durch Beiträge der einzelnen Bundesstaaten nach Maßgabe ihrer Bevölkerung aufzubringen, welche in Höhe des budgetmäßigen Betrages durch den Reichskanzler ausgeschrieben werden. . . .“

Es ist besonders der zweite Satz, der hier in Frage kommt. Danach sind die Bundesstaaten verpflichtet, nach Maßgabe ihrer Bevölkerung den Ausfall im Reichsbudget zu decken, der sich aus dem Mehrbetrag der Ausgaben ergibt. Der Betrag dieses Ausfalles wird in Gestalt von Matrikularumlagen vom Reichskanzler ausgeschrieben. Er spielt in den Budgets aller Gliedstaaten eine außerordentlich wichtige Rolle, aber die Stände stehen diesem großen Ausgabeposten einflußlos gegenüber. Sie haben ihn weder zu bewilligen, noch können sie ihn verweigern.

---

[1] RG. v. 6. Juni 1870 u. RG. v. 12. März 1894.

[2] RG. v. 14. Mai 1904.

Löbe sagt,[1] daß die Matrikularbeiträge ihrer Art nach überhaupt nicht, ihrer Größe nach insoweit an die ständische Bewilligung gebunden seien, als ihre Veranschlagung auf bloßer Schätzung beruhe. Es ist zweifellos richtig, daß die Stände das Recht haben, die Grundlagen dieser Schätzung zu prüfen. Allein eine Bewilligung ist darin nicht zu finden. Ergibt die Ausschreibung der Matrikularumlagen einen höheren Betrag als diese Schätzung voraussah, so dürfen die Stände den Unterschied nicht verweigern. —

Zahlreich sind, wie wir gesehen haben, die Schranken, die das Budgetbewilligungsrecht der sächsischen Volksvertretung einengen. Vom Standpunkte der Politik aus betrachtet ist dieser Zustand ein wünschenswerter, denn er schließt die Gefahr, daß das Budgetrecht als wirksames Kampfmittel der Volksvertretung gegen die Regierung gebraucht werde, fast ganz aus. Einige Staatsrechtslehrer, wie v. Gerber, haben darum vorgeschlagen, möglichst viel Ausgaben des Staates durch Gesetze festzulegen, um damit der „Gefahr des Konstitutionalismus" desto wirksamer zu begegnen. Wir können hier auf diese Fragen der Politik nicht näher eingehen, da sie außerhalb des Rahmens unserer Darstellung liegen.

Haben wir in den letzten Abschnitten das ständische Bewilligungsrecht nach seinem Inhalte betrachtet, so wollen wir im folgenden unsere Aufmerksamkeit den Wirkungen dieses Rechts sowie den Maßregeln zuwenden, die die Verfassungsurkunde trifft, um jene Wirkungen voll zur Geltung kommen zu lassen.

2. Wirkung des ständischen Budgetrechts.

§ 20.

a) Die Bedeutung des vereinbarten Budgets für die Regierung.

Die Verfassungsurkunde sagt nichts über die Wirkung, die dem mit den Ständen vereinbarten Budget beizulegen sei. Die Grundsätze hierfür müssen daher aus dem Wesen des Etats ab-

[1] Löbe, Staatshaushalt S. 15.

geleitet werden. Einige grundlegende Bestimmungen über diese Frage enthält auch das Staatshaushaltsgesetz vom 1. Juli 1904.

Das Budgetbewilligungsrecht der Stände umfaßt grundsätzlich alle Einnahmen und Ausgaben des Staates. Soweit diese nicht auf den Etat gebracht und von den Ständen nicht bewilligt sind, darf sie die Regierung nur unter Übernahme einer besonderen Verantwortlichkeit machen; soweit aber im Etat Ausgaben bewilligt sind, hat sich die Regierung an diese nach Höhe und Art der Festsetzung zu halten.

Aber der Etat ist seiner Natur nach ein Voranschlag, keine bindende Rechtsvorschrift. Er gibt der Regierung einen Plan, nach dem sie die Verwaltung führen soll, soweit sie dazu imstande ist. Der Etat will zukünftige finanzielle Maßnahmen regeln. Er kann also gar nicht seine Anordnungen mit unabänderlicher Bestimmtheit treffen, da ihnen nur eine Wahrscheinlichkeit zugrunde liegt, deren größere oder geringere Entfernung von der Wirklichkeit erst die Zukunft zu lehren vermag. Soweit die Regierung nach Lage der Verhältnisse den Etat bei Führung der Staatsverwaltung befolgen kann, ist sie dazu verpflichtet.[1] Ist ihr aber die Einhaltung der Etatvorschriften nicht möglich, so übernimmt sie für die Abweichungen auch die Verantwortlichkeit gegenüber den Ständen. Diese Pflicht der Rechtfertigung gründet sich auf § 41 VU., wonach „die Vorstände" der Ministerialdepartements „den Ständen verantwortlich sind". Die Regierung muß die etatmäßige Führung der Verwaltung der Volksvertretung nachweisen und ihre Abweichungen davon begründen. Für die Einnahmen und Ausgaben, die sie gemäß dem vereinbarten Budget macht, befreit sie dieser Nachweis von ihrer Verantwortlichkeit, für Abweichungen vom Budget bleibt sie den Ständen bis zu deren nachträglicher Genehmigung verantwortlich. Es gibt nun zweifellos Abweichungen vom Etat, die ganz im Einklang mit den leitenden Absichten bei der Verabschiedung des Etats stehen und rein formeller Natur sind. Für sie bedarf es auch keiner nachträglichen Genehmigung, denn die betreffenden Einnahmen oder Ausgaben sind materiell dem Etat

---

[1] Fricker, S. Staatsrecht S. 231.

gemäß. Die Frage aber, bei welchen Abweichungen eine nachträgliche Genehmigung einzuholen ist und bei welchen es ihrer nicht bedarf, bzw. welche formeller, welche materieller Natur sind, entscheiden die Stände, denen daher alle Abweichungen zur Kenntnis zu bringen sind.[1]

Die nachträgliche Genehmigung der Kammern ist wie die Bewilligung keine durchaus freie, sondern gestaltet sich den einzelnen Abweichungen gegenüber verschieden. In dreifacher Hinsicht sind Abweichungen vom Budget denkbar. Es ist möglich, daß die budgetmäßigen Summen überschritten oder nicht erreicht werden (quantitative Abweichungen), es ist ferner denkbar, daß Einnahmen und Ausgaben gemacht werden, die im Etat nicht enthalten sind, oder daß etatmäßige Einnahmen und Ausgaben nicht gemacht werden (qualitative Abweichungen), und endlich ergeben sich Abweichungen vom Etat bei den Übergängen von einer Budgetperiode zur anderen in Gestalt von Resten und Vorgriffen (nach Laband sogen. temporäre Abweichungen).

Bevor wir aber das sächsische Budget auf diese drei Arten der Abweichungen hin betrachten, bedarf es der Erinnerung, daß dieses ein Zweijahrsbudget ist, dessen Summen jedoch nur das einjährige Bedürfnis anzeigen, so daß man die etatmäßigen Ansätze verdoppeln muß, wenn man die für eine Finanzperiode ausgeworfenen Summen erhalten will. Die Regierung trägt nur die Verantwortung für die Einhaltung der Gesamtsummen des Zweijahrsbudgets. Überschreitet sie z. B. im ersten Jahre der Finanzperiode die Hälfte der etatmäßigen Gesamtsumme oder, was dasselbe bedeutet, die im Etat ziffernmäßig genannte Summe und gleicht diesen Mehrbetrag im folgenden Jahre durch geringere Aufwendungen für denselben Gegenstand aus, so liegen nicht eine Etatüberschreitung in dem einen Jahre und eine etatwidrige Minderausgabe im anderen vor, wenn nicht etwa das Budget selbst eine gleichmäßige Verteilung der Etatsummen auf beide Jahre der Finanzperiode vorschreibt.[2] Wenn wir beim sächsischen

[1] Vgl. Laband, Staatsrecht II. Bd. S. 951 flg. — Fricker, S. Staatsrecht S. 231.

[2] Vgl. oben § 6. — Opitz II S. 112. — Löbe, Staatshaushalt S. 50, 2 u. S. 60.

Etat von Abweichungen reden, so beziehen sich diese grundsätzlich auf den Zweijahrsetat. Das gleiche folgt auch aus § 9 Abs. 1 des Gesetzes vom 1. Juli 1904, wo es heißt:

> „Das Rechnungsergebnis der beiden eine Finanzperiode bildenden Jahre hat als ein Ganzes zu gelten, so daß Mehraufwendnngen bei einem Titel oder einer sonstigen Unterabteilung des ordentlichen Staatshaushaltsetats, die gegenüber dem eingestellten Jahresbetrag in dem einen Jahre stattgefunden haben, durch Minderaufwendungen in dem anderen Jahre bis zum Betrage der letzteren ausgeglichen werden."

Damit ist also nichts Neues gesagt, sondern nur ausdrücklich und im Gesetz ausgesprochen, was sich aus der Natur des Zweijahrsbudgets von selbst ergibt.

Wenden wir uns nach dieser Vorbemerkung zunächst den quantitativen Abweichungen vom Etat zu, so sehen wir, daß sich solche in viererlei Gestalt ergeben: Bei den Einnahmen und bei den Ausgaben je als Überschreitung oder Nichterreichen der angesetzten Summen. Mehreinnahmen, sowie Mindereinnahmen und Minderausgaben müssen bei der Rechnungslegung zur Kenntnis der Kammern gebracht werden. Von einer Genehmigung der Stände kann aber hierbei kaum die Rede sein, da jene Abweichungen zumeist in Verhältnissen begründet sein werden, die außerhalb der Willensmacht der Regierung liegen. Erweist sich eine Steuerquelle weniger erträglich als man bei der Etatberatung angenommen hat, so nehmen die Stände einfach davon Kenntnis, fließt sie reichlicher als erwartet wurde, so brauchen die Stände das Mehr nicht noch nachträglich zu bewilligen.[1] Die wichtigste Art der quantitativen Abweichungen sind die Mehrausgaben oder Etatüberschreitungen. § 10 Abs. 2 und 4 des Gesetzes vom 1. Juli 1904 bestimmt sie näher:

> „Als Etatüberschreitungen sind alle Mehrausgaben anzusehen, die sich bei Gegenüberstellung des rechnungsmäßigen Aufwands und des Etatsolls für die einzelnen Ausgabetitel des Staatshaushaltsetats ergeben, insoweit nicht einzelne Ausgabetitel in dem Staatshaushaltsetat

[1] Vgl. Löbe, Handbuch S. 683 § 10 Anm. 1.

ausdrücklich als deckungsfähig mit anderen bezeichnet sind und solchenfalls etwaige Mehrausgaben bei dem einen Titel durch etwaige Minderausgaben bei dem anderen Titel ausgeglichen werden.

Solche Mehrausgaben, bezüglich deren ein besonderer Vorbehalt wegen eines im Laufe der Finanzperiode etwa hervortretenden Mehrbedarfs in den Staatshaushaltsetat aufgenommen worden ist, gelten nicht als Etatüberschreitungen."

In zwei Fällen also ist der Mehrausgabe die Eigenschaft einer Etatüberschreitung ausdrücklich genommen: wenn Ausgabetitel unter sich als deckungsfähig bezeichnet sind, und wenn bei einer Ausgabe durch besonderen Vorbehalt die Möglichkeit einer Übersteigung der angesetzten Summe schon bei der Etatberatung vorgesehen war. Der zweite Fall bedarf weiter keiner Erläuterungen, wohl aber der erste. Wenn innerhalb des Etats eine Mehrausgabe in einem Titel durch eine Minderausgabe in einem anderen ausgeglichen wird, so ist zwar rechnerisch der Etat eingehalten, rechtlich aber liegen zwei Abweichungen vom Etat vor. Denn die im Budget bewilligten Einzelsummen sind auch nur für die zu ihnen gehörigen Zwecke bewilligt. Daher bestimmt § 5 Abs. 1 des Staatshaushaltsgesetzes:

„Die bewilligten Summen dürfen nur zu der durch den Etat vorausgesetzten Zeit und nur für die bei den einzelnen Bewilligungen des Etats in der Gegenstandsspalte[1] bezeichneten Zwecke verwendet werden, dafern nicht durch ausdrückliche Festsetzung im Etat eine anderweite Verwendung nachgelassen ist."

Eine Ausnahme von dieser Vorschrift bilden jedoch eben jene deckungsfähigen Ausgaben, über die § 5 Abs. 2 des angef. Ges. bestimmt:

„Sind im Etat Ausgabebewilligungen als unter sich deckungsfähig bezeichnet worden, so werden Mehraus-

[1] Der Staatshaushaltsetat tritt in Form eines in verschiedenen Spalten gegliederten Tabellenwerkes auf. Die erste Spalte des ordentlichen Etats enthält den Titel, die zweite den Gegenstand, die dritte den Jahresbetrag usw. Vgl. dazu Löbe, Staatshaushalt S. 34 flg.

> gaben an der einen Stelle durch Minderausgaben an der andern Stelle ausgeglichen."

Abgesehen von diesen Ausnahmefällen der deckungsfähigen und der vorbehaltenen Mehrausgaben bedürfen Etatüberschreitungen der Genehmigung der Stände, und bis zu ihrer Erteilung trägt die Regierung für sie die Verantwortung.

> „Etatüberschreitungen . . . bedürfen der nachträglichen Genehmigung der Stände. Die Bestimmungen in § 97 der Verfassungsurkunde sind auch auf diese Fälle der nachträglichen Genehmigung sinngemäß anzuwenden"

sagt § 10 Abs. 1 des Gesetzes v. 1. Juli 1904. Die ständische Genehmigung ist auch hier keine ganz freie. Soweit es sich um Mehrausgaben handelt, die nicht vom Willen der Regierung abhängen, sondern durch Verhältnisse außerhalb ihres Machtbereiches bedingt sind, haben die Stände nur Kenntnis von der Mehrausgabe zu nehmen und dürfen sie ihre Genehmigung nicht versagen. Denn es ist immer davon auszugehen, daß die Veranschlagungen im Budget vielfach Irrtümern ausgesetzt sind und keineswegs beanspruchen können, die künftigen Ausgaben und Einnahmen mit Sicherheit festzustellen. Dagegen muß die Regierung für Mehrausgaben, die sie mit Willen vorgenommen hat, ihre Gründe nachweisen und deren Beurteilung den Ständen überlassen. Wenn dabei nach der angeführten Gesetzesbestimmung § 97 VU. sinngemäße Anwendung finden soll, so heißt das, die Stände haben auch diesen Mehrausgaben gegenüber das Recht, die Notwendigkeit, Zweckmäßigkeit und Höhe der verwendeten Summen zu prüfen. Aber die Einschränkungen, denen ihr Ausgabebewilligungsrecht überhaupt unterliegt, greifen auch hier Platz. Notwendigen, zweckmäßigen und nicht für zu hoch befundenen Ausgaben dürfen sie ihre nachträgliche Genehmigung nicht versagen. Nur soweit ihr Bewilligungsrecht nach § 97 VU. ein freies ist, steht es bei ihnen, ob sie der Rechtfertigung der Regierung für Etatüberschreitungen ihre Billigung schenken oder versagen wollen. Ist dieses der Fall, dann bedarf die Regierung für die betreffende Mehrausgabe der Indemnität.

Auch bei den qualitativen Abweichungen vom Etat sind vier Arten zu unterscheiden: einmal die Nichterhebung und die Nichtleistung von etatmäßigen Einnahmen und Ausgaben und sodann die Erhebung und Leistung außeretatmäßiger Einnahmen und Ausgaben. Wie bei den quantitativen Abweichungen verdient auch hier nur eine dieser vier Gruppen besondere Beachtung, während die andern der Frage, ob für sie die ständische Genehmigung erforderlich sei, keine Schwierigkeiten bereiten. Sämtliche Abweichungen dieser Art sind natürlich zur Kenntnis der Stände zu bringen gelegentlich der Rechnungslegung. Ob Einnahmen des Etats unerhoben bleiben dürfen, hängt von der Vorfrage nach ihrer rechtlichen Grundlage ab. Sind sie im Gesetz begründet, so entfällt für die Regierung die Füglichkeit, sie nicht zu erheben. Liegt jene Voraussetzung nicht vor, so kann eine Einnahme unerhoben bleiben, wenn die übrigen Einnahmen bereits zur Deckung des Staatsbedarfs ausreichen, und die Regierung bedarf zu ihrer Unterlassung nicht der nachträglichen Genehmigung der Stände. Der Etat hat nicht die Bedeutung, daß er die Regierung zwingt, alle darin vorgesehenen Einnahmen auch dann zu erheben, wenn sie ihrer gar nicht benötigt. Ebensowenig bedarf es der ständischen Genehmigung zur Nichtleistung einer Ausgabe des Etats, wenn dazu kein Bedürfnis mehr vorliegt. Der Etat soll kein Schema, sondern eine Richtschnur für die Verwaltung sein,[1] der es überlassen bleiben muß, die künftigen Bedürfnisse, die der Etat vorgesehen hat, zur Zeit ihres Auftretens eingehend und selbständig zu würdigen. Die einzelnen Ausgabeansätze im Budget bedeuten für die Regierung nur die Ermächtigung, sie zu leisten, keine Rechtspflicht dazu.[2] Dagegen kann die Regierung sehr wohl politisch für ihre Unterlassung verantwortlich sein, worauf wir aber hier nicht näher einzugehen haben.

Ob die Regierung außerhalb des Etats Einnahmen erheben darf, hängt davon ab, ob sie einen besondern Rechtstitel, z. B. ein Anleihegesetz, dazu hat oder nicht. Bejahendenfalls steht der Erhebung kein Hindernis im Wege und bedarf es auch keiner nachträglichen Genehmigung durch die Stände.[3]

---

[1] Vgl. Zeller in Stengels Wbch. d. Verwaltungsr. Bd. 2 Art. Staatsrechnungswesen S. 507.

[2] Laband, Staatsrecht II. Bd. S. 957.

[3] Vgl. Löbe, Handbuch S. 671 § 1 Anm. 1.

Als die wichtigste Gruppe der qualitativen Abweichungen erscheinen die außeretatmäßigen Ausgaben, bei denen die Genehmigung der Stände je nach der Natur der Ausgabe entweder eine gänzlich freie ist oder materiell überhaupt nicht in Frage kommt. Das Gesetz v. 1. Juli 1904 stellt sie in § 10 Abs. 1 mit den Etatüberschreitungen auf gleiche Stufe hinsichtlich der ständischen Beurteilung:

> „... außeretatmäßige Ausgaben bedürfen der nachträglichen Genehmigung der Stände. Die Bestimmungen in § 97 der Verfassungsurkunde sind auch auf diese Fälle der nachträglichen Genehmigung sinngemäß anzuwenden."

Damit ist schon gesagt, daß für die Bewilligung dieser Ausgaben, für die im Etat keine Deckungsmittel vorgesehen sind, dieselben Grundsätze gelten sollen wie für das Ausgabebewilligungsrecht überhaupt. Die Bewilligung außeretatmäßiger Ausgaben ist nichts anderes als eine Ergänzung und Berichtigung des Haushaltsetats.[1] Die in § 10 d. Ges. v. 1. Juli 1904 geforderte Genehmigung der Stände für außeretatmäßige Ausgaben und Etatüberschreitungen kann entweder durch Nachtragsetats oder gelegentlich der Beschlußfassung über den Rechenschaftsbericht erfolgen.[2]

Bei den Übergängen von einer Etatperiode zur andern ergibt sich die dritte Art von Abweichungen, die temporären Abweichungen, in Gestalt von Resten und Vorgriffen, denen wir noch Beachtung schenken müssen.

Einnahmereste sind fällige Einnahmebeträge, die bis zum Bücherabschluß vor der Rechnungslegung über eine Etatperiode nicht an die Kasse abgeführt worden sind. Ausgabereste sind fällige, nach ihrem Gegenstand, ihrer Höhe und der Person des Gläubigers feststehende Ausgabebeträge, die bis zum Bücherabschlusse nicht ausgezahlt werden konnten.[3] Beide sind den Ständen nachzuweisen. Doch kann von einer ständischen Genehmigung hierbei nicht die Rede sein, da diese Abweichungen vom Etat nicht ein Ausfluß der Finanzwirtschaft, sondern der

---

[1] Laband, Staatsrecht II. Bd. S. 958.
[2] Löbe, Handbuch S. 684 § 10 Anm. 2.
[3] Ges. v. 1. Juli 1904 § 23.

Kassenverwaltung sind, auf die sich das ständische Bewilligungsrecht nicht erstreckt.

Vorschüsse, d. h. Beträge, die aus Mitteln der laufenden Verwaltung mit der Maßgabe gewährt werden, daß sie später zurückzuzahlen sind,[1] dürfen nur unter bestimmten Bedingungen, die durch allgemeine Vorschriften festzustellen und den Ständen mitzuteilen sind,[2] verabfolgt werden.

Neben diesem wichtigen Gebiete der Abweichungen vom Etat ist in diesem Abschnitte schließlich noch einiger Gesetzesbestimmungen zu gedenken, die die Wirkung des Etats gegenüber der Regierung nach einigen Richtungen hin im einzelnen regeln wollen.

Ausgabebewilligungen, die in einer Finanzperiode des Staates keine Verwendung gefunden haben, dürfen nicht auf die nächste übernommen werden, sondern sind als Ersparnisse zu behandeln.[3] Eine Ausnahme hiervon machen die „übertragbaren“ Ausgabebewilligungen, bei denen der Betrag, der in einer Finanzperiode unverwendet geblieben ist, der Regierung noch weiter zur Verfügung steht. Doch muß die „Übertragbarkeit“ solcher Ansätze im Etat ausdrücklich vorbehalten sein.[4]

Besoldungen und sonstige Dienstbezüge dürfen nur auf Grund und nach Maßgabe des Staatsbudgets verliehen werden. Die in die Besoldungstitel eingestellten Gesamtsummen, die Anzahl der Stellen und die ausgeworfenen Höchstbeträge dürfen nicht überschritten werden. Ferner dürfen einem Beamten neben seiner Besoldung weder Tantiemen, noch persönliche Zulagen oder außerordentliche Vergütungen gewährt werden.[5]

Die Ausgabetitel des Etats zerfallen gewöhnlich in zwei Gruppen, solche für persönliche und solche für sächliche Ausgaben. Soweit es erforderlich ist, werden die persönlichen Ausgaben wieder gegliedert in Besoldungen und andere persönliche Ausgaben, während man bei den sächlichen zwischen allgemeinen Verwaltungsausgaben und Betriebsausgaben unterscheidet.[6] Sind Ausgaben im Etat nicht als persönliche bezeichnet, so dürfen

[1] A. a. O. § 24. [2] A. a. O. § 24 Abs. 3.
[3] A. a. O. § 8 Abs. 1. [4] A. a. O. § 8 Abs. 3.
[5] A. a. O. § 12. — Löbe, Staatshaushalt S. 55 Z. 9.
[6] Löbe, Staatshaushalt S. 31 u. 32.

sie auch nicht für „persönliche“ Zwecke verwendet werden, es sei denn, der Etat enthielte selbst einen Vorbehalt, daß ihrer Verwendung auch für persönliche Ausgaben nichts im Wege steht.[1]

Über Dispositionssummen, d. h. Bewilligungen für allgemeine und unvorhergesehene Ausgaben oder ohne jede nähere Bezeichnung der Ausgabezwecke, bestimmt § 6 des Gesetzes vom 1. Juli 1904:

„Soweit der Etat der Staatsregierung Mittel für allgemeine und unvorhergesehene Ausgaben oder ohne jede nähere Bezeichnung der Zwecke der davon zu bestreitenden Ausgaben zur Verfügung gestellt hat, dürfen beim Mangel gegenteiliger Festsetzung im Etat auf solche Verfügungssummen (Dispositionssummen) nur sächliche Ausgaben und auch diese nur dann verrechnet werden, wenn sie unter kein seinem Verwendungszwecke nach bestimmtes Etatkapitel fallen.

Auf Verfügungssummen (Dispositionssummen), die nur nach der allgemeinen Richtung ihres Verwendungszweckes bestimmt sind, dürfen persönliche Ausgaben nicht verrechnet werden, falls nicht der Etat dies besonders vorgesehen und etwa hierunter fallende Gehalte oder fortlaufende außerordentliche Vergütungen (Remunerationen) an Beamte ausdrücklich beziffert hat.“

Für die Verwendung des Reservefonds ist die Regierung zweifellos den Ständen Rechenschaft schuldig. Doch liegt es in seiner Natur, daß ihm genaue Verwendungsbestimmungen fehlen (§ 106 VU.). Eine Überschreitung der hier ausgeworfenen Summen aber würde wie jede andere Etatüberschreitung zu behandeln sein. Ebenso muß sich die Regierung betreffs der geheimen Ausgaben (§ 99 Abs. 2 VU.) innerhalb der Grenzen der hierzu im Etat bewilligten Summen halten. Andererseits ist sie nicht verpflichtet, einen Nachweis über die Verwendung dieser Ausgaben zu führen. An seine Stelle tritt die in § 99 Abs. 2 VU. geforderte Versicherung des Königs, die von mindestens drei Ministern gegenzuzeichnen ist.[2]

---

[1] A. a. O. S. 56 Z. 10.

[2] Vgl. Fricker, S. Staatsrecht S. 231.

§ 21.

b) Die Bedeutung des vereinbarten Budgets für Dritte.

Das Budget regelt Beziehungen zwischen Regierung und Ständen und ist daher, wie wir gesehen haben, für beide Teile von wichtigen Rechtsfolgen begleitet. Es wendet sich aber nicht unmittelbar an Dritte und knüpft mit diesen keinerlei direkte Rechtsbeziehungen an, so lebhaft auch Dritte etwa als Untertanen mittelbar an dem Etat interessiert sein mögen. Das Gesetz vom 1. Juli 1904 bestimmt auch ausdrücklich in § 19:

> „Durch die Einstellungen in den Etat werden für Dritte Rechte oder Verpflichtungen weder begründet, noch abgeändert, noch aufgehoben.“

Soweit jemand von dem Staate Leistungen zu fordern hat, kann er ihre Verwirklichung nicht schon deshalb verlangen, weil sie von Regierung und Ständen durch Einstellung in den Etat und durch dessen Verabschiedung „anerkannt“ seien. Der Etat ist ein inneres Verhältnis zwischen Regierung und Ständen und bildet darum keinen Rechtsgrund für Leistungen des Staates an Dritte. Für diese bedarf es vielmehr eines besonderen Rechtsgrundes, sei er ein Gesetz, ein Vertrag oder ein andrer. Der forderungsberechtigte Dritte kann sich bei Geltendmachung seines Anspruchs zum Beweis seines Rechts nicht auf die Position im Etat berufen, in der die Leistung an ihn aufgeführt ist, sondern muß den Rechtstitel nennen, aus dem ihm sein Anspruch erwächst.

Ebensowenig wie das vereinbarte Budget gegenüber Dritten einen Rechtsgrund für Leistungen des Staates an sie bildet, ist dies mit Verpflichtungen Dritter gegen den Staat der Fall. Was die angeführte Gesetzesbestimmung sagt, war längst Rechtens. Auch der Staat kann von Dritten die Erfüllung von Verpflichtungen nur auf Grund besonderer Rechtstitel fordern, nicht schon, weil sie im Etat aufgeführt sind.

Derartige Leistungen und Verpflichtungen bleiben daher auch rechtsbeständig, wenn ein Etat überhaupt nicht zustande kommt, weil sie eben ihre Grundlage nicht in ihm finden, sondern in einem besondern Rechtsverhältnis. Daraus ergibt sich für den Fall des Nichtzustandekommens des Etats, den wir weiter unten noch näher zu betrachten haben werden, eine große Reihe von Verpflichtungen und Berechtigungen des Staates zum Ausgeben und Einnehmen, über deren Bestehen und Nichtbestehen der ordentliche Richter entscheidet und deren Verwirklichung nötigenfalls im Wege der Zwangsvollstreckung betrieben werden kann.

§ 22.

c) Die Rechnungsprüfung.

Die Rechnungsprüfung wird nicht von den Ständen selbst vorgenommen, sondern von einer mit richterlicher Unabhängigkeit ausgestatteten Kollegialbehörde, der Oberrechnungskammer. Trotzdem steht die Rechnungsprüfung in engster Beziehung zum ständischen Budgetrecht. Denn einmal übt durch sie jene Behörde eine von der Verwaltung unabhängige Kontrolle darüber aus, ob die Staatswirtschaft im einzelnen ordnungsmäßig und auch im Einklange mit dem Staatsvoranschlage geführt worden ist, zum andern unterstützt sie die ständische Kontrolle unmittelbar durch Berichte über die Ergebnisse dieser Prüfung.

Für die Tätigkeit der Oberrechnungskammer ist das Gesetz vom 30. Juni 1904, betr. die Oberrechnungskammer, maßgebend. Die Behörde selbst aber ist eine alte Institution des sächsischen Staates und kann bald auf ihr zweihundertjähriges Bestehen zurückblicken. Sie wurde 1707 unter dem Namen Oberrechenkammer von Kurfürst Friedrich August I. als selbständige, dem Landesherrn unmittelbar untergeordnete und lediglich ihm verantwortliche oberste kollegiale Rechnungsbehörde ins Leben gerufen.[1] Durch das Gesetz vom 30. Juni 1904 ist die Einrichtung und Tätigkeit der Oberrechnungskammer ähnlich dem geltenden Rechte bezüglich der preußischen Oberrechnungskammer und des Rechnungshofes des Deutschen Reiches geregelt. Die Behörde ist dem Gesamtministerium unmittelbar unterstellt, ohne daß dieses sie in ihrer gesetzlichen Aufgabe beschränken dürfte; den einzelnen Ministerien gegenüber ist sie selbständig.[2]

---

[1] Löbe, Staatshaushalt S. 105.

[2] Ges. v. 30. Juni 1904 § 1 Abs. 2.

Wie in Preußen und im Reiche ist die Tätigkeit der sächsischen Oberrechnungskammer eine dreifache. Sie hat zur Aufgabe die Prüfung und Feststellung der Staatshaushaltsrechnungen, die Kontrolle über die Verwaltung und endlich die Prüfung, ob die Finanzwirtschaft dem Etat gemäß geführt worden ist.[1] § 1 des Gesetzes vom 30. Juni 1904 faßt diese Aufgaben zusammen, indem er sagt:

> „Die Oberrechnungskammer hat die Kontrolle des gesamten Staatshaushalts im Wege der Prüfung und Feststellung der Rechnungen über Einnahmen und Ausgaben von Staatsgeldern, sowie über Zugang und Abgang von Staatseigentum zu führen."

Die Rechnungskontrolle erstreckt sich auf die Prüfung und Feststellung aller Rechnungen, durch die die Ausführung des Staatshaushaltsetats dargetan wird, sowie auf deren Richtigsprechung.[2] Die Rechnungen, die von den einzelnen Ressortministerien an die Oberrechnungskammer einzusenden sind, unterliegen zunächst einer Vorprüfung (Abnahme) durch das Ressortministerium.[3] Die Oberrechnungskammer prüft darauf ihrerseits die Rechnungen selbständig und teilt ihre Erinnerungen dem Ressortministerium mit, das sie beantworten muß.[4] Den Rechnungsführern, deren Rechnungen geprüft und erledigt sind, stellt die Oberrechnungskammer Justifikationsscheine aus, worin die Erklärung abgegeben wird, daß aus den Geschäften des Rechnungsführers, auf welche sich die Rechnung bezieht, ein Schuldverhältnis des Rechnungsführers zugunsten der Staatskasse nicht besteht.[5]

Neben der Rechnungskontrolle, die sich „auf die Vorschriftsmäßigkeit, sowie die ursächliche und ziffermäßige Begründung der Rechnungseinträge" erstreckt, übt die Oberrechnungskammer eine Verwaltungskontrolle aus. Diese richtet sich darauf,

a) „ob bei der Erhebung und Vereinnahmung, sowie bei

[1] Vgl. LABAND, Staatsrecht II. Bd. S. 975.
[2] Ges. v. 30. Juni 1904 §§ 11, 18 flg.
[3] A. a. O. § 17.
[4] A. a. O. § 18.
[5] A. a. O. § 20.

der Verwendung und Verausgabung von Staatsgeldern, ingleichen bei der Erwerbung, Benutzung und Veräußerung von Staatseigentum nach den bestehenden Gesetzen und Vorschriften, unter genauer Beachtung der maßgebenden Verwaltungsgrundsätze, verfahren worden ist,

b) ob und wo nach den aus den Rechnungen zu beurteilenden Ergebnissen der Verwaltung im finanziellen Interesse des Staates Abänderungen nötig oder ratsam erscheinen."[1]

Damit ist die gesamte Verwaltung des Staates nach der finanziellen Seite hin der Beurteilung der Oberrechnungskammer unterstellt. Zur Erleichterung dieser Aufgabe ordnet § 15 des Gesetzes vom 30. Juni 1904 an:

„Alle Verfügungen der Ministerien, durch welche in Beziehung auf Einnahmen oder Ausgaben des Staates eine allgemeine Vorschrift gegeben oder eine schon bestehende abgeändert oder erläutert wird, müssen, soweit sie nicht in dem Amtsblatte einer Behörde oder sonst öffentlich bekannt gemacht werden, sogleich bei ihrem Ergehen zur Kenntnis der Oberrechnungskammer gebracht werden.

Allgemeine Anordnungen der Behörden über die Verwaltung der Kassen und die Führung der Kassenbücher sind schon vor ihrem Erlasse der Oberrechnungskammer mitzuteilen."

Das Ergebnis dieser Verwaltungskontrolle findet seinen Niederschlag einmal in dem Bericht der Oberrechnungskammer, der dem Rechenschaftsberichte der Regierung an die Stände beizufügen ist. Aus ihm muß sich ergeben,

„ob und inwieweit bei der Ausführung des dem Rechenschaftsberichte zugrunde liegenden Staatshaushaltsetats Abweichungen von den Bestimmungen des letzteren oder von sonstigen unter ständischer Zustimmung ergangenen Vorschriften und Anordnungen stattgefunden haben".[2]

Nach dieser Seite hin liegt auch die wichtige Nebenaufgabe der

---

[1] A. a. O. § 13.
[2] A. a. O. § 22 Z. 1.

Oberrechnungskammer, die Kontrolle des Staatshaushalts durch die Stände vorzubereiten. Auf die Prüfung der Zweckmäßigkeit der bestehenden Vorschriften hin (§ 13b d. Ges. v. 30. Juni 1904) hat sich die Oberrechnungskammer alljährlich in einem Berichte an das Gesamtministerium „insoweit die Ergebnisse der Rechnungsprüfung Anlaß dazu bieten, über etwaige Verbesserungen und Vervollkommnungen in der Verwaltung gutachtlich zu äußern“.[1] „Gerade in der Verwaltungskontrolle,“ sagt Löbe,[2] „liegt der wesentlichste Teil der Bedeutung der Oberrechnungskammer und die Grundbedingung einer erfolgreichen Kontrolle des Staatshaushalts, soweit überhaupt die Rechnungsprüfung das Mittel hierzu bietet.“

Die dritte Aufgabe der Oberrechnungskammer bei der Rechnungsprüfung ist die Untersuchung, ob die Finanzwirtschaft des Staates dem verfassungsmäßig festgestellten Budget gemäß geführt worden ist. Sie hat alle Abweichungen und Etatwidrigkeiten festzustellen und, soweit das noch angängig ist, deren Ordnung zu veranlassen. Das Ergebnis dieser Prüfung erscheint in dem erwähnten Berichte an die Stände, aus dem sich ergeben muß,

> „ob und welche Etatüberschreitungen und außeretatmäßige Ausgaben vorgekommen sind“, und
>
> „ob und welche Abweichungen von den auf die Staatseinnahmen und Staatsausgaben oder auf die Erwerbung, Benutzung und Veräußerung von Staatseigentum bezüglichen Gesetzen oder unter ständischer Zustimmung ergangenen Vorschriften zu verzeichnen gewesen sind.“[3]

Die Oberrechnungskammer kann von den Behörden jede zur Prüfung der Rechnungen für erforderlich erachtete Auskunft, sowie die Einsendung von Kassenbüchern, Belegen und Akten verlangen. Ebenso können Bedenken und Erinnerungen an Ort und Stelle durch Kommissare erörtert werden.[4]

Auf die gutachtlichen Äußerungen der Oberrechnungskammer

---

[1] A. a. O. § 21.

[2] Löbe, Handbuch S. 713 § 13 Anm.

[3] Ges. v. 30. Juni 1904 § 22 Z. 2 u. 3.

[4] A. a. O. § 13.

über Verbesserungen und Vervollkommnungen in der Verwaltung hat das Gesamtministerium Entschließung zu fassen und der Oberrechnungskammer davon Kenntnis zu geben.[1]

§ 23.

d) Die ständische Kontrolle des Staatshaushalts.

Das ständische Kontrollrecht ist ein Grundpfeiler des Budgetrechts überhaupt, ohne den die Mitwirkung der Stände am Zustandekommen des Etats zu einem bloßen Scheinrecht zusammensinken würde. Die Aussicht, daß die Stände nach dem Schlusse der Finanzperiode prüfen, ob die Verwaltung dem vereinbarten Budget gemäß geführt worden ist, soll die Regierung zur Einhaltung der etatmäßigen Sätze führen, für deren Überschreitung sie die Verantwortung tragen muß. Darum findet sich auch in den älteren Verfassungen, die der Volksvertretung zur Zeit ihrer Entstehung nur ein Steuerbewilligungsrecht zugestanden, doch bereits das Kontrollrecht über die Führung des Staatshaushalts in der vergangenen Finanzperiode als Gegenstück zu jenem. Ja, es gehört ebenso wie das Steuerbewilligungsrecht bereits in die vorkonstitutionelle ständische Zeit. Schon früh verlangten die Stände, insbesondere wenn sie Steuern zu bestimmten Zwecken bewilligt hatten, auch den Nachweis darüber, daß ihre Gelder in zweckentsprechender Weise verwendet worden seien. Und wenn sich auch die Landesherren lange gegen solche lästige Bevormundung sträubten, so waren ihnen die Stände doch zu mächtig und notwendig, als daß sie nicht endlich nachgegeben hätten. Wir haben schon oben[2] darauf hingewiesen, daß auch in Sachsen dieses Kontrollrecht von den alten Ständen frühzeitig mit Erfolg in Anspruch genommen wurde. Wie beim Steuerbewilligungsrechte knüpfte auch hier die Verfassungsurkunde an die geschichtliche Entwicklung an.

§ 98 VU. bestimmt:

„Bei jedem ordentlichen Landtage wird den Ständen

---

[1] A. a. O. § 21 Abs. 2.

[2] Vgl. oben § 9.

> eine genaue Berechnung über Einnahme und Ausgabe in der vorletzten Finanzperiode .... möglichst bald nach Eröffnung des Landtags mitgeteilt."

Das Wort „vorletzte" Finanzperiode ist dabei, wie bereits bemerkt wurde, von derjenigen aus zu verstehen, über deren Etat die Stände in dem betreffenden Landtage zu beschließen haben, so daß darnach die „letzte" Finanzperiode die ist, die beim Zusammentritt des Landtags noch läuft.

Die Regierung hat den Ständen eine genaue Berechnung über die Einnahmen und Ausgaben in der verflossenen Haushaltsperiode vorzulegen. Um diese Berechnung beurteilen zu können, ordnet § 99 VU. an, daß den Ständen

> „sowohl von der obersten Staatsbehörde, als auch auf ihren Antrag von den betreffenden Departementschefs die nötigen Erläuterungen gegeben, sowie Rechnungen und Belege mitgeteilt werden".

Nach heutigem Rechte ist die „genaue Berechnung" des § 98 VU. nichts anderes als der bereits erwähnte „Rechenschaftsbericht" (§ 22 des Gesetzes v. 30. Juni 1904 und §§ 33 und 34 des Gesetzes v. 1. Juli 1904), dem der Bericht der Oberrechnungskammer beizufügen ist.[1] Doch stehen beide Berichte hinsichtlich ihrer Entstehung in keinem Zusammenhang.[2]

Den Inhalt des Rechenschaftsberichts bestimmt § 34 des Staatshaushaltsgesetzes. Darnach soll er die Nachweise über die Ausführung des Staatshaushalts neben einer Darstellung der Vermögenslage des Staates in der betreffenden Finanzperiode enthalten, und ferner

> „1. eine summarische Übersicht der beweglichen Bestände bei den Einzelkassen (Spezialkassen), Betriebsanstalten usw., ingleichen der Gebrauchsgegenstände und Dienststücke (Mobiliar und Inventar), sowie des unbeweglichen Vermögens der gesamten Staatsverwaltung,
>
> 2. eine Bilanz des Reinvermögens (Nettovermögens) des Staates an Kassenbeständen, Außenständen und Vorräten (Naturalvorräten),

[1] Löbe, Handbuch S. 699 § 33 Anm.

[2] Fricker, S. Staatsrecht S. 233.

3. eine Übersicht der Staats- und Finanzhauptkassenschulden,
4. eine Übersicht der staatlichen Bestände (Fonds) zu bestimmten Zwecken, sowie
5. eine Zusammenstellung der nach § 11 Absatz 2 und 4 dieses Gesetzes nicht eingezogenen oder erstatteten Beträge". [1]

Bei ihrer Kontrolle des Staatshaushalts an der Hand des Rechenschaftsberichts werden die Stände unterstützt durch den Bericht der Oberrechnungskammer, der sich, wie wir im vorigen Abschnitt dargelegt haben, in selbständiger Weise mit den Abweichungen vom Etat und den etatrechtlichen Vorschriften zu befassen hat.[2]

Von der Verpflichtung eines genauen Nachweises ist die Regierung aber hinsichtlich der „geheimen Ausgaben" insoweit befreit,

> „als eine schriftliche, von mindestens drei verantwortlichen Ministerialvorständen kontrasignierte Versicherung des Königs bezeugt, daß die Verwendung zum wahren Besten des Landes stattgefunden habe" (§ 99 Abs. 2 VU.).

Hinsichtlich aller übrigen Posten des Etats haben die Stände das Recht und die Pflicht genauer Prüfung des ihnen vorgelegten Rechenschaftsberichts (§ 100 VU.). Sie haben auch die Befugnis, an der Hand des Berichts der Oberrechnungskammer Einzelheiten nachzugehen und insbesondere Mängeln, die dieser Bericht aufdeckt, ihre Aufmerksamkeit zu schenken und Abhilfe zu schaffen. Für die Prüfung des Rechenschaftsberichts sind im wesentlichen dieselben Grundsätze maßgebend wie für die Prüfung und Feststellung des Budgets. Die für Etatüberschreitungen und außeretatmäßige Ausgaben notwendige nachträgliche Genehmigung der Stände wird nach der Prüfung des Rechenschaftsberichts erteilt.

---

[1] Das sind Beträge, auf deren Einziehung auf Grund allgemeiner oder besonderer Ermächtigung verzichtet worden ist, und niedergeschlagene Fehlbeträge über 1000 Mark.

[2] Die Bemerkung Frickers, daß die Oberrechnungskammer nicht direkt für die Stände arbeite, ist in dieser Richtung nach heutigem Rechte nicht mehr zutreffend (vgl. Fricker, S. Staatsrecht S. 233).

Als Ergebnis ihrer kontrollierenden Tätigkeit bringen die Stände der Regierung ihre Zustimmung darüber zum Ausdruck, daß die Kontrolle zu Erinnerungen keinen Anlaß gegeben hat, bzw. wenn dies der Fall war, daß sie mit der von der Regierung vorgeschlagenen Abhilfe zufrieden sind. Die Verfassungsurkunde verlangt dies nicht, aber die Ausübung des ständischen Kontrollrechts bedarf notwendig eines Schlußzeichens. Als solches hatte sich seit dem Landtage 1877/78 die Erteilung einer förmlichen Entlastung (Decharge) herausgebildet.[1] Sie bringt recht anschaulich das wahre Verhältnis zwischen Regierung und Ständen zum Ausdruck. Denn finden sich die Stände veranlaßt, der Regierung die Decharge zu verweigern, so bleibt sie „belastet", bis sie den Abänderungen nachgekommen ist oder die Abhilfen geschafft hat, die die Stände für erforderlich erachteten. Das Gesetz vom 1. Juli 1904 hat auch hier einen Abschluß gebracht, indem jetzt auch von Gesetzeswegen eine förmliche Entlastung der Regierung zu erteilen ist. § 33 des angef. Gesetzes sagt:

> „Der Rechenschaftsbericht (§ 98 der Verfassungsurkunde wird den Ständen von der Regierung zur Entlastung vorgelegt."

Die Erteilung oder Versagung dieser Entlastung ist aber keineswegs in das Belieben der Stände gestellt. Finden sie die Verwaltung dem Etat gemäß geführt und können sie auch gegen Abweichungen vom Etat nach den oben dargelegten Grundsätzen keine Einwendungen machen, so müssen sie der Regierung die Entlastung erteilen.[2] „Denn es ist," wie LABAND sagt,[3] „ein der

---

[1] „Die Formel, unter der die Stände bis dahin die Billigung der Finanzverwaltung ausgesprochen, hat verschiedene Male gewechselt. Bis zum Landtage 1857/58 lautete dieselbe dahin, »daß die Stände bei der abgelegten Rechnung Beruhigung gefaßt haben«, bei späteren Landtagen wurde sie dahin gefaßt, »daß die nachgewiesenen Einnahmen ihre vorschriftsmäßige Verwendung zu den Staatsausgaben, soweit sie dazu erforderlich gewesen, erfahren haben«, oder »daß von den nachgewiesenen Einnahmen die vorschriftsmäßige Verwendung zu den Staatsausgaben bewirkt worden ist«, oder »daß die Finanzverwaltung eine wohlgeordnete ist«" (OPITZ, Staatsrecht II S. 133 Anm. 4).

[2] So auch OPITZ II S. 133, 134. — LÖBE, Staatshaushalt S. 111.

[3] LABAND, Staatsrecht II. Bd. S. 987.

Pflicht zur Rechnungslegung entsprechendes Recht jedes Verwalters fremder Gelder, daß, wenn er ordnungsmäßig die Rechnung abgelegt hat, ihm die Entlastung nicht vorenthalten werden darf."

Durch diese förmliche Entlastung wird die Regierung von der Verantwortlichkeit befreit, die sie bis dahin für die ordnungsmäßige Führung der Staatswirtschaft trug (§ 41 VU.). In welchem Maße diese Verantwortlichkeit eine praktische Bedeutung erhält und inwieweit sie ein bloßes „politisches Prinzip" bleibt, soll uns im folgenden Abschnitte näher beschäftigen.

§ 24.

e) Die Verfassungsgarantien im Lichte des Budgetrechts.

Die Stände haben keine unmittelbaren Zwangsmittel zur Durchsetzung ihres Willens bei etatrechtlichen Fragen. Sie können auch die verantwortlichen Organe wegen Abweichungen vom Etat oder Verletzung des Etatrechts weder zivilrechtlich noch strafrechtlich verfolgen. Es kommt ihnen nicht zu, im Namen des Staates etwa eine Klage auf Ersatz gegen einen Minister zu erheben, oder die Strafgerichte gegen ihn in Bewegung zu setzen.[1] Der sächsischen Volksvertretung stehen dagegen die sogenannten Verfassungsgarantien zur Seite für solche Fälle, in denen sie sich durch Handlungen der Regierung in ihren verfassungsmäßigen Rechten beeinträchtigt fühlt. Von diesen Bestimmungen über die „Gewähr der Verfassung", die das sächsische Staatsgrundgesetz im achten Abschnitt behandelt, kommen besonders in Frage die ständische Beschwerde, die Ministeranklage und die Erledigung eines Verfassungsstreites durch den Staatsgerichtshof, während die sogenannten moralischen Verfassungsgarantien die Aufrechterhaltung und die Beobachtung des Staatsgrundgesetzes überhaupt, also auch der darin enthaltenen budgetrechtlichen Bestimmungen, sichern wollen. Zu ihnen zählen die Zusage des Königs und des Regierungsverwesers beim Regierungsantritte und der Eid der Zivilstaatsdiener.

---

[1] Vgl. Fricker, S. Staatsrecht S. 232.

Jene Zusage enthält nach § 138 VU. das Versprechen des Thronfolgers bei seinem fürstlichen Worte,

> „daß er die Verfassung des Landes, wie sie zwischen dem Könige und den Ständen verabschiedet worden ist, in allen ihren Bestimmungen während seiner Regierung beobachten, aufrecht erhalten und beschützen wolle".

Das Versprechen wird mündlich und schriftlich im Beisein des Gesamtministeriums und der beiden Präsidenten der letzten Ständeversammlung abgegeben.

Der Eid der Zivilstaatsdiener ist nach § 139 VU.

> „nächst dem Versprechen der Treue und des Gehorsams gegen den König und die Gesetze des Landes auch auf die Beobachtung der Landesverfassung zu richten".

Seine Leistung ist eine Rechtspflicht; aber einen direkten Zwang zur Erfüllung dieses Versprechens gibt es ebensowenig wie bei der Zusage des Herrschers.

Ein großes Gewicht mißt die Verfassungsurkunde selbst dem ständischen Beschwerderecht bei. Sie kennt zwei der Art nach verschiedene Beschwerden. Die eine kann von einer Kammer allein angebracht werden („dafern sich deshalb beide Kammern nicht zu vereinigen vermögen", § 110 VU.), richtet sich gegen das Gesamtministerium oder gegen einzelne Minister und hat „die Anwendung der Gesetze in der Landesverwaltung und Rechtspflege" zum Gegenstande.[1] Die andre, die man wohl als Verfassungsbeschwerde bezeichnet, „kann dagegen nur von beiden Kammern in gemeinschaftlichem Antrage eingebracht werden, darf sich auch nur unmittelbar gegen die Minister richten[2] und hat eine Verfassungsverletzung zum Gegenstande.[3] Beide Beschwerden gehen an den König. Auf die erste wird den Ständen die Abstellung der Beschwerde oder das Ergebnis der Erörterung eröffnet (§ 111 VU.).[4] Der Verfassungsbeschwerde hilft der König

---

[1] § 110 VU. — Vgl. Leuthold S. 234, 235; Fricker, S. Staatsrecht S. 248 flg.; Opitz II S. 134.

[2] Andrer Meinung ist Leuthold S. 235.

[3] § 140 VU. — Vgl. Fricker, S. Staatsrecht S. 252 flg.; Opitz II S. 134; Leuthold S. 235.

[4] Über die Heranziehung des § 111 VU. Fricker a. a. O. S. 250.

sofort ab, oder er läßt Zweifel, die dabei obwalten, je nach der Natur des Gegenstandes durch die oberste Staatsbehörde oder die oberste Justizstelle (d. i. das Oberlandesgericht) erörtern. Im letzten Falle trifft das Gericht zugleich die Sachentscheidung (§ 140 VU.).

Die Ministeranklage ist in den §§ 141—151 VU. geregelt. Ein besonders bestellter Staatsgerichtshof hat sich mit dieser Klage zu befassen. Nur beide Kammern in Übereinstimmung können vor ihm anklagen, nur die Minister können verklagt werden und nur Umsturz der Verfassung oder Verletzung einzelner Punkte der Verfassungsurkunde können Gegenstand der Anklage sein.[1]

Endlich kennt die Verfassungsurkunde noch die Beilegung von Verfassungsstreitigkeiten zwischen Regierung und Ständen durch die Entscheidung des Staatsgerichtshofs. Auch hier ist Voraussetzung, daß die beiden Kammern in Übereinstimmung handeln. Die Zweifel über die Auslegung der streitigen Gesetzesstellen werden durch Ausspruch des Staatsgerichtshofs behoben. Dieser Ausspruch soll als authentische Interpretation angesehen und befolgt werden, und er ist deshalb auch im Gesetz- und Verordnungsblatte bekannt zu machen.[2]

Von diesen drei Schutzmitteln der Stände gegen Verfassungswidrigkeiten ist die Ministeranklage die am wenigsten praktische. Sie hat auch in der Geschichte des sächsischen Verfassungsrechts noch keinen Anwendungsfall erlebt. Für das Budgetrecht käme nur die Anklage wegen Verletzung einzelner Punkte der Verfassung in Betracht. Allein wenn in dem Etatentwurf oder im Rechenschaftsberichte selbst die Verfassungsverletzung liegen sollte, so können die Stände auf einfacherem Wege durch Verweigerung ihrer Zustimmung die Regierung zur Abhilfe veranlassen. Dasselbe Mittel wird auch genügen, wenn die Stände eine verfassungswidrige finanzielle Maßnahme eines Ministers außerhalb des Budgets zu rügen hätten. Das gänzliche Ausbleiben eines Budgetentwurfs oder des Rechenschaftsberichts wäre allerdings eine Verfassungsverletzung, allein der Fall ist wegen der für die

[1] Fricker, S. Staatsrecht S. 254 flg.

[2] § 153 VU.; Ges. v. 3. Febr. 1838 §§ 47 flg. — Fricker, S. Staatsrecht S. 258 flg.; abweichend Leuthold S. 197 Anm. 1.

Regierung daraus entspringenden Schwierigkeiten und Verantwortlichkeiten ganz unpraktisch.

Auch der Entscheidung von Verfassungsstreitigkeiten durch den Staatsgerichtshof ist im Hinblick auf das Budgetrecht kein größeres Gewicht beizulegen. Denn bei Streitigkeiten auf diesem Gebiete wird es sich in den seltensten Fällen um bloße Auslegung der budgetrechtlichen Verfassungsbestimmungen handeln.

Dagegen kann in dem Beschwerderechte der Stände wohl ein praktisches Mittel gefunden werden, durch das zwischen dem Könige und der Volksvertretung unmittelbar eine Verständigung über streitige Punkte des verfassungsmäßigen Budgetrechts erzielt werden könnte. Auch hat wenigstens die eine der beiden Beschwerden nicht jene Bestimmung zur Voraussetzung, daß nur beide Kammern in Übereinstimmung vorgehen können, wodurch die Benutzung der anderen Verfassungsgarantien außerordentlich erschwert wird.

Immerhin bleibt der Ausweg, Verletzungen des Grundgesetzes durch die höchsten verantwortlichen Organe der Regierung mittels Klagen und Entscheidungen eines Gerichtshofes innerhalb des Staates zu begegnen, von zweifelhaftem Werte. „Verfassungskonflikte," sagt Fricker,[1] „können nicht durch künstliche innere Mittel des einzelnen Staates gelöst werden; sie sind nur im lebendigen Prozeß zu überwinden; Auflösung der zweiten Kammer und Ministerentlassung gehören diesem letzteren an."

Ein gewisser Zwang für die Regierung zur Einhaltung der budgetrechtlichen Vorschriften überhaupt liegt ja schon darin, daß die Regierung sich selbst ins Unrecht setzt, wenn sie den Ständen das Budget zur Bewilligung nicht vorlegt. Sodann aber stehen der Rechenschaftsbericht über eine etatgemäße Verwaltung und die Vorlage des neuen Budgets in enger Beziehung. Die Stände werden sich zur Bewilligung des neuen Etats nicht bereit finden lassen, wenn sie ihr verfassungsmäßiges Kontrollrecht verletzt sehen, und dieses wieder gibt ihnen die Möglichkeit einer Prüfung an die Hand, ob in der abgelaufenen Finanzperiode ihr Budgetrecht bei der Ausführung des Etats gewahrt worden ist.

[1] Fricker, S. Staatsrecht S. 259.

§ 25.

f) Rückblick.

Wir haben in den vorangehenden Abschnitten dieses Kapitels zu zeigen versucht, daß nach heutigem Rechte der Volksvertretung in Sachsen das volle Budgetbewilligungsrecht zusteht. Die Erweiterung des alten Steuerbewilligungsrechts zu jenem ging besonders seit den siebziger Jahren des neunzehnten Jahrhunderts in unaufhaltsamer Entwicklung vor sich. Vieles war bis in die jüngste Zeit ungeschriebenes Recht und hat erst in den wichtigen Gesetzen vom 30. Juni und 1. Juli 1904 seine schriftliche Grundlage gefunden. Diese Gesetze bilden einen wichtigen Abschluß in der Entwicklungsgeschichte des sächsischen Budgetrechts. Im Laufe der letzten fünfzig Jahre ist dieses anfänglich wesentlich anders geartete Recht in allen seinen Einzelheiten dem preußisch-deutschen Budgetrechte immer ähnlicher geworden, so daß heute der gemeinsamen Merkmale bei ihnen mehr sind als der unterscheidenden.

Hier wie dort sehen wir die Volksvertretung im Besitze des vollen Einnahme- und Ausgabebewilligungsrechts, das aber selbst im Reiche, wo ihm die wenigsten Schranken im Wege stehen, nicht Willkür des Parlaments bedeutet, sondern durch Gesetze und gesetzlich begründete Einrichtungen vielfach zur Bedeutung eines bloßen Prüfungsrechts herabgedrückt wird. Im sächsischen Budgetrechte als dem ältesten von diesen dreien sind dagegen die Schranken besonders zahlreich, die die Verfassung gleich bei ihrer Entstehung den Ständen gezogen hatte, um ihren Einfluß auf gewisse Teile des Staatsgutes, auf die Einkünfte des Königs u. a. von vornherein zu regeln.

Auch die Wirkung des verabschiedeten Budgets ist in den drei Staaten fast die gleiche. Die Regierung trägt die Verantwortung für die Verwaltung und für die Einhaltung des Etats. Sie ist verpflichtet, darüber Rechenschaft abzulegen, und berechtigt, für eine ordnungsmäßig geführte Finanzverwaltung Entlastung zu verlangen. Neben der parlamentarischen Kontrolle besteht in allen drei Staaten ein von Regierung und Volksvertretung unabhängiges Organ, dem eine Rechnungs-, Verwaltungs- und

Finanzkontrolle obliegt. Es arbeitet zunächst für die Regierung, aber mittelbar auch für die Volksvertretung. Dieser hilft es namentlich durch besondere Berichte und die sogen. Bemerkungen die Kontrolle des Staatshaushalts vorzubereiten und auf eine Verbesserung der bestehenden Verwaltungsvorschriften hinzuarbeiten.

In dem jüngsten Staate, im Reiche, fehlen irgendwelche verfassungsmäßige Garantien für die Beobachtung des Budgetrechts der Volksvertretung durch die Regierung gänzlich. In dem ältesten, Sachsen, gibt es davon eine ganze Reihe. Allein ihre praktische Bedeutung ist doch eine recht geringe, so daß der Überfluß hier in Wahrheit keinen bemerkenswerten Unterschied vom Rechte des Reiches ausmacht. Auch Preußen unterscheidet sich in dieser Hinsicht nicht von beiden Staaten. Seine Ministeranklage (Art. 61 Pr. VU.), die hier angezogen werden könnte, steht nur auf dem Papier.

Das wesentlich unterscheidende Merkmal zwischen dem Budgetrechte Sachsens einerseits und dem Preußens und des Reiches anderseits ist in der Entstehung ihrer Budgets zu finden. In den letzten beiden Staaten wird der Etat verfassungsgemäß durch ein Gesetz festgestellt (Art. 99 Pr. VU., Art. 69 RV.), während man in Sachsen diese Gesetzesnatur des Etats nicht kennt. Trotzdem ist aber, wie bemerkt, die rechtliche Wirkung aller drei Budgets im wesentlichen die gleiche.[1] Denn durch das Etatgesetz werden die einzelnen Bestandteile des Budgets nicht zu Gesetzesvorschriften. Auch unter dem Budgetgesetz bedeutet die Zustimmung des Parlaments zum Budget nur die Anerkennung der gesetzlichen Einnahmen und Ausgaben und die Ermächtigung, die nicht auf gesetzlicher Grundlage ruhenden zu leisten. Allerdings gibt es auch in Sachsen das sogen. Finanzgesetz. Dieses hat aber eine wesentlich andere Bedeutung als das preußische und deutsche Etatgesetz, wie im folgenden Abschnitte dargetan werden soll. Der Unterschied zwischen den drei Budgetrechten ist also mehr ein äußerlicher und nicht von solcher Bedeutung, daß er die erdrückende Menge des Gemeinsamen in den Schatten zu stellen vermöchte.

[1] Vgl. G. Meyer, D. Staatsrecht § 205, S. 752, 753.

Fünftes Kapitel.

§ 26.

Das Finanzgesetz.

Das Budget wird in Sachsen nicht durch ein Gesetz festgestellt. Es wird auch nicht publiziert, sondern im Verwaltungswege den Beamten mitgeteilt. Mit der Feststellung und Bekanntgabe des Etats steht das Finanzgesetz in keinem unmittelbaren Zusammenhange. Zur Erklärung seines Wesens müssen wir auf seine Entstehung zurückgehen.

Nach § 104 VU. bedurfte es irgend einer formellen Äußerung der Regierung gegenüber den Untertanen über die erfolgte ständische Bewilligung der Landesabgaben, die zur Deckung des Staatsbedarfs nötig waren. Denn ohne die besondere Erwähnung dieser Bewilligung sollten weder die Einnehmer zur Einforderung berechtigt, noch die Untertanen zur Entrichtung verbunden sein. Um dieser Vorschrift zu genügen, griff man zur Form des Gesetzes und erließ am 14. November 1834 das Gesetz,[1] „die für die Staatsverwaltung auf die Finanzperiode 1834 bis mit 1836 ausgesetzten Summen und die zu deren Deckung für die Jahre 1835 und 1836 zu entrichtenden Steuern und Abgaben betreffend". § 2 dieses Gesetzes bestimmte, durch welche Steuern die Deckung der Staatsausgaben geschehen sollte. Der Name „Finanzgesetz" tritt zuerst in dem Gesetz vom 28. November 1837[2] auf. In dem Gesetz vom 7. März 1870 hat das Finanzgesetz die Gestalt erhalten, die es noch heute aufweist. Das Finanzgesetz vom 18. Mai 1904 sieht folgendermaßen aus:

Finanzgesetz auf die Jahre 1904 und 1905
vom 18. Mai 1904.

„Wir, Georg, usw. usw. finden Uns mit Zustimmung Unserer getreuen Stände bewogen, das Finanzgesetz auf die Jahre 1904 und 1905 zu erlassen, wie folgt:

[1] Gesetzsammlung für das Königreich Sachsen, 1834, S. 345.

[2] Gesetz- u. Verordnungsbl. für das Königreich Sachsen, 1837, S. 111.

§ 1. Auf Grund des verabschiedeten Staatshaushaltsetats werden die Gesamteinnahmen und die Gesamtausgaben des ordentlichen Staatshaushalts für jedes der Jahre 1904 und 1905 auf die Summe von 333 845 431 Mark festgestellt und wird zu außerordentlichen Staatszwecken für diese beiden Jahre überdies noch ein Gesamtbetrag von 40 119 275 Mark hiermit ausgesetzt.

§ 2. Zur Deckung des Aufwandes für den ordentlichen Staatshaushalt . . . sind zu erheben: (es folgt unter a bis g eine Aufzählung der Steuern, deren Erträge jene Deckung bilden sollen, Einkommensteuer, Grundsteuer usw.).

§ 3. Alle sonstigen Abgaben, Natural- und Geldleistungen, die nicht ausdrücklich aufgehoben sind oder noch aufgehoben werden, bestehen vorschriftsmäßig fort.

§ 4. Die zu außerordentlichen Staatszwecken bewilligte Summe ist aus den Beständen des mobilen Staatsvermögens zu entnehmen."

§ 5 endlich spricht die Erledigung des Gesetzes vom 12. Dezember 1903, die vorläufige Erhebung der Steuern und Abgaben im Jahre 1904 betreffend, aus.

Seinem Äußern nach hebt sich das Finanzgesetz durch einige Besonderheiten von der üblichen Form anderer Gesetze ab. Einmal durch seinen Namen, indem bei andern Gesetzen eine Bezeichnung ihres Inhalts dem Worte „Gesetz" nachgestellt wird, z. B. Gesetz, den Staatshaushalt betreffend. Sodann heißt es gewöhnlich in der Einleitung: „Wir, usw. . . . verordnen unter Zustimmung Unserer getreuen Stände, was folgt". Und auch in den Schlußfloskeln findet sich beim Finanzgesetz eine Abweichung, indem hier der üblichen Wendung: „Urkundlich haben Wir dieses Gesetz eigenhändig vollzogen" noch der Satz beigefügt wird: „mit dessen Ausführung Unser Finanzministerium beauftragt ist." Trotz dieser Unterschiede erscheint das Finanzgesetz äußerlich ganz und gar als Gesetz, und auch die Art seiner Entstehung weist keine Abweichungen von der anderer Gesetze auf.

Sehen wir uns nun seinen Inhalt an. Es kann keinem Zweifel unterliegen, daß die §§ 2—5 des oben wiedergegebenen Finanzgesetzes reinen Gesetzescharakter tragen, d. h. in der Hauptsache die Bestimmungen über die Deckung des Aufwands für den ordentlichen und außerordentlichen Staatshaushalt.[1] Die einzelnen darin enthaltenen Vorschriften treten nicht nur in der Form des Gesetzes auf, sondern wollen materiell Recht schaffen. Da § 2 d. Ges. die Steuern, aus deren Erträgen der ordentliche Etat zu decken ist, erschöpfend aufzählt, so würde die Verwendung einer darin nicht genannten Steuer zur Deckung dieses Aufwands eine Gesetzesverletzung bedeuten. Dasselbe wäre der Fall, wenn entgegen der Vorschrift des § 4 d. a. Ges. der außerordentliche Etat etwa durch Veräußerung von immobilem Staatsvermögen gedeckt würde. Die Besonderheit dieser Gesetzesvorschriften ist nur, daß sie sich nicht an die Allgemeinheit, an alle Untertanen, wenden, sondern Recht setzen für die mit der Ausführung des Staatshaushalts betrauten und dafür verantwortlichen Organe der Regierung. Diese sind zwar schon nach den allgemeinen Grundsätzen des Budgetrechts den Ständen für die Einhaltung des Etats, also auch für die besondere Art der im Etat vorgesehenen Deckung verantwortlich. Das Finanzgesetz aber macht ihnen diese noch zur besonderen Rechtspflicht. Ob dies praktisch einen Gewinn bedeutet, mag dahingestellt bleiben.

Wir haben bisher den § 1 des Finanzgesetzes außer acht gelassen, in dem die Gesamteinnahmen und -ausgaben beider Etats ziffernmäßig festgestellt werden. Ist auch er eine Gesetzesvorschrift? Opitz[2] verneint die Frage und kommt aus diesem Grunde darauf zu, das Finanzgesetz inhaltlich in zwei Teile zu zerlegen. „Den einen," sagt er, „bildet die Bestimmung des Gesamtbetrags der Überschüsse und Zuschüsse. Derselbe enthält implicite die Anordnung, daß der Staatshaushaltsetat so, wie er verabschiedet worden ist, zur Ausführung zu gelangen hat und ist sonach ebenso wie die im Finanzgesetz regelmäßig enthaltene Bestimmung, daß der zu außerordentlichen Zwecken ausgesetzte Betrag aus den mobilen Beständen des Staatsvermögens zu entnehmen sei, lediglich ein Verwaltungsakt. Der andere Teil enthält die Bestimmung, daß und welche Abgaben zum Zwecke der Deckung des ordentlichen Staatsaufwands in der betreffenden

[1] Derselben Meinung Leuthold S. 197, 198.

[2] Opitz II S. 114.

Finanzperiode zu erheben seien. Derselbe vertritt sonach die über die einzelnen Steuern ergangenen Gesetze und ist somit in der Tat nicht ein bloßer Verwaltungs-, sondern ein Gesetzgebungsakt." Der Auffassung, daß das Finanzgesetz die einzelnen Steuergesetze vertrete, sind wir schon an anderer Stelle entgegengetreten.[1] Den Beweis für die Behauptung, daß das Finanzgesetz sich aus zwei ganz verschiedenen Teilen, einem Verwaltungs- und einem Gesetzgebungsakte, zusammensetze, hat Opitz nicht erbracht. Zur Herausstellung der Anordnung, die § 1 implicite enthalten soll, fehlt es unsers Erachtens an jedem Anhalt. Um die Bedeutung dieses Paragraphen zu erkennen, muß man seine geschichtliche Entwicklung verfolgen. In dem bereits erwähnten ersten Finanzgesetze vom 14. November 1834 besagte § 1:

> „Für die gesamte Staatsverwaltung auf die Jahre der laufenden Finanzperiode wird die Summe von ... Talern bewilligt; ..."

Eine Gesetzesvorschrift enthielt dieser Satz nicht. Es wurde in ihm nur der Vorschrift des § 104 VU. genügt, indem man in dem Ausschreiben, das Landesabgaben betraf, der ständischen Bewilligung besonders Erwähnung tat. In den folgenden Finanzgesetzen kehrt jedoch das Wort „bewilligt" nicht wieder. An seiner Stelle heißt es: die und die Summe wird „ausgesetzt", „festgestellt" oder „festgesetzt". Die Erwähnung der Bewilligung ist also sehr bald im Finanzgesetz weggefallen. Man konnte sie entbehren. Dem § 104 VU. wird auch in der jetzigen Form des Finanzgesetzes entsprochen. Denn einmal ergeht es „mit Zustimmung der getreuen Stände" und sodann sagt § 1 in der heutigen Fassung: Auf Grund des „verabschiedeten" Staatshaushaltsetats werden die und die Summen festgestellt. Ist der Etat mit den Ständen verabschiedet, so haben diese eben auch die für die Deckung des Staatsbedarfs in der kommenden Finanzperiode nötigen Steuern bewilligt. § 104 VU. fordert nicht als Formvorschrift die Worte „Bewilligung der Kammern".[2] Auch

---

[1] Vgl. oben § 12.

[2] Fricker, S. Staatsrecht S. 223.

das erste Finanzgesetz hat die besonders erwähnte „Bewilligung“ nicht auf die Landesabgaben allein, sondern auf die für die gesamte Staatsverwaltung nötigen Summen bezogen.[1]

Die Bedeutung des § 1 des Finanzgesetzes hat sich seit dem zweiten Gesetz dieser Art demnach etwas geändert. Einen Gesetzesinhalt hatte er zwar auch im ersten nicht. Was er aussprach, die Bewilligung des Etats, war schon vorher geschehen und hatte auch ohne ihn volle Geltung. Immerhin kam ihm eine selbständige Bedeutung insofern zu, als er in Gesetzesform die Tatsache der Bewilligung, die bisher als eine Vereinbarung zwischen Regierung und Ständen zustande gekommen war, allem Volke verkündete. Diese selbständige Bedeutung ist ihm seither verloren gegangen, und es kommt ihm für sich allein keine rechtliche Bedeutung mehr zu. Ein Finanzgesetz mit nur diesem ersten Paragraphen wäre etwas Sinnloses. Wollte man ihm die Bedeutung einer Gesetzesvorschrift unterlegen, so käme man zu dem widersinnigen Ergebnis: die Summen eines Wirtschaftsplanes werden für eine künftige Wirtschaftsperiode bis auf die einzelne Mark festgestellt, und jede Abweichung davon ist eine Gesetzesverletzung. Im heutigen Finanzgesetz hat der erste Paragraph nur noch eine relative Bedeutung. Man versteht ihn erst aus den jeweiligen übrigen Bestimmungen des Finanzgesetzes in §§ 2 flg., worin die Art und Weise der Deckung der im ersten Paragraphen genannten Summen angegeben wird. § 2 redet von dem Aufwand für den ordentlichen Etat, und darum ist es ganz richtig, wenn die Höhe dieses veranschlagten Aufwands auch angegeben wird. Dasselbe gilt von dem außerordentlichen Etat. § 1 des Finanzgesetzes ist Teil eines Gesetzes, ohne selbst eine Gesetzesbestimmung zu enthalten. Er ist kein Verwaltungsakt; er bindet die Regierung nicht an die in ihm aufgeführten Zahlen. Die Regierung ist an den Etat gebunden, nicht an die Vorschrift des § 1 des Finanzgesetzes. Dieser bildet in seiner relativen Bedeutung auch gar nichts Besonderes und Beispielloses. Man kann in jedem Gesetze eine Menge von Sätzen finden, die für

[1] Ursprünglich war in § 104 VU. wohl jenes gewollt. In der tatsächlich eingeschlagenen Praxis kann man bereits den Keim eines künftigen Budgetbewilligungsrechts erblicken.

sich selbst betrachtet keine rechtliche Bedeutung haben, sondern erst im Zusammenhange mit den eigentlichen Gesetzesvorschriften ihre Erklärung finden.

Die Beziehungen des Finanzgesetzes zum Budget sind somit nur mittelbare. Jedes von beiden besteht selbständig für sich. In dem immerhin denkbaren Fall, daß einmal kein Finanzgesetz verabschiedet würde, bliebe der mit den Ständen vereinbarte Etat nach wie vor mit gleicher Wirkung bestehen. Ja, wenn es einmal gelänge, den Etat ohne Steuereinnahmen zu balanzieren, so entfiele für das Finanzgesetz jeder Rechtsgrund.

Obwohl gerade in dieser Unabhängigkeit des Finanzgesetzes vom Budget sich das sächsiche Budgetrecht vom preußischen unterscheidet, wo der Etat Teil des Etatgesetzes ist, so begegnet man in Preußen der Eigentümlichkeit, daß das Etatgesetz als besonderer Staatsakt für sich erscheint, indem es vom König vollzogen und von den Ministern kontrasigniert wird.[1]

Sechstes Kapitel.

§ 27.

Die Rechtslage beim Mangel einer Vereinbarung über das Budget.

Die große Bedeutung, die das Budgetrecht für eine Volksvertretung hat, bedarf keiner besonderen Hervorhebung. Nicht ohne Grund hat man es als das wichtigste parlamentarische Recht bezeichnet, insofern die Volksvertretung bei seiner Handhabung den nachhaltigsten Einfluß auf die Finanzen und damit auf die Wohlfahrt und das Gedeihen ihres Landes überhaupt ausüben kann. Darum haben auch die Anhänger eines starken ausgebildeten Konstitutionalismus in Theorie und Praxis gerade diesem Rechte ihre Aufmerksamkeit geschenkt und seinen Umfang nach allen Richtungen zu erweitern gesucht, während ihre

---

[1] Fricker, Gesetz und Budget, Tüb. Zeitschr. f. d. ges. Staatswissenschaft 50. Bd., 1894, S. 401.

Gegner sich von seiner genauen und möglichst engen Begrenzung Erfolg versprachen. Als eine Frage von größter Bedeutung erschien bei Auslegung der Sätze des Budgetrechts von vornherein die nach dem Versagungsrechte der Volksvertretung. Ist sie überhaupt berechtigt, der Regierung die finanziellen Mittel für den Staat zu verweigern? In welchem Umfange und mit welchen Beschränkungen kann sie es? Enthält nicht das Recht, die Staatseinnahmen zu bewilligen, auch das Recht, sie zu versagen?

Schon die beiden Theoretiker des württembergischen Verfassungsrechts, MOHL und PFIZER, stehen sich bei der Beantwortung der Streitfrage gegenüber. Während dieser lehrte: „Die württembergische Verfassung . . . gibt in dem ständischen Steuerverweigerungsrechte dem Volke ein legales Widerstandsmittel gegen jede seinen Interessen, Rechten und Bedürfnissen beharrlich widerstrebende Maßregel der Regierung“,[1] und an anderer Stelle: „Die Stände haben nach §§ 109 und 189 der Verfassungsurkunde das Recht, alle Abgaben zu verweigern“,[2] sagt jener: „Da das Volk die für die notwendigen Staatszwecke erforderlichen Leistungen zu tragen hat, so kann auch die Ständeversammlung kein Recht haben, dieselben namens des Volkes abzuschlagen. Sie . . . hat keineswegs die Erlaubnis, nach Willkür und gegen Vernunft und Recht den Staat aufzulösen und die Regierung da zu hindern, wo sie nur Notwendiges verlangt und vollbringt.“[3] Und an anderer Stelle sagt er: „Nichts ist vergeblicher, als die verschiedenen Versuche, aus den Bestimmungen des Grundgesetzes selbst ein Recht der willkürlichen Steuerverweigerung ableiten zu wollen.“[4] Dieser Gegensatz zieht sich in den Schriften über das Budgetrecht bis in die neueste Zeit hin. Den richtigen Gesichtspunkt für die Entscheidung der Frage hat nach MOHL erst LABAND gegeben, dem namhafte Vertreter der Staatsrechtswissenschaft gefolgt sind.[5] In seinem „Budget-

[1] PFIZER, Das Recht der Steuerbewilligung, 1836, S. 93.

[2] A. a. O. S. 157.

[3] MOHL, Das Staatsrecht des Königr. Württemberg, 1840, 1. Bd. S. 628.

[4] A. a. O. S. 634 Anm. 8.

[5] LABAND, Das Budgetrecht nach den Bestimmungen der preuß. Verfassungsurkunde, 1871. — Staatsrecht des Deutschen Reichs II. Bd. S. 946. —

recht nach den Bestimmungen der preußischen Verfassungsurkunde" entwickelt er den Grundsatz: „Die Feststellung des Etats muß dem geltenden Rechte gemäß geschehen." „Soweit gültige Gesetze bestehen", sagt er, „welche irgendwelche Einnahmen oder Ausgaben direkt oder indirekt bestimmen, ist bei der Feststellung des Etats für die freie Willensentschließung eine Schranke gezogen, deren Respektierung sowohl für die Regierung wie für den Landtag eine staatsrechtliche Pflicht ist".[1] Wir haben bereits diesen Satz in seiner Geltung für das sächsische Budgetrecht kennen gelernt. Seine weittragende praktische Bedeutung zeigt sich bei jeder Feststellung des Etats aufs neue. Sie kommt aber besonders in dem Fall zur Geltung, daß eine Vereinbarung mit den Kammern über das Budget nicht erzielt wird.

Die sächsische Verfassungsurkunde gehört zu den wenigen Staatsgrundgesetzen, die diesen Fall vorsorglich bedacht und zu regeln versucht haben. Soweit aber die gesetzlichen Bestimmungen nicht ausreichen, kann nur von jenem Grundsatze des konstitutionellen Staatsrechts aus die Lösung offener Fragen in dem Streitfalle zwischen Regierung und Ständen gefunden werden. Nachdem wir also die einschlägigen Vorschriften der Verfassungsurkunde betrachtet haben, werden wir auf jenen Satz zurückkommen müssen.

Nach § 100 VU. haben die Stände „ihre Erklärung über den aufzubringenden Bedarf an den König gelangen zu lassen". „Insofern sie hierbei auf Verminderung der verlangten Summen antragen, muß dieses unter bestimmter und ausführlicher Nachweisung der Gründe dazu, sowie der Gegenstände, bei welchen, und der Art und Weise, wie ohne Hintansetzung des Staatszwecks Ersparnisse gemacht werden können, geschehen." Dazu bestimmt nun § 103 Abs. 1 VU.:

> „Die von den Ständen nach § 100 der Verfassungsurkunde an die Regierung gelangenden Anträge und die

S. a. Gneist, Gesetz und Budget, 1879, S. 183. — Seydel, Über Budgetrecht, 1889, S. 17, 18. — Gerber, Grundzüge S. 167. — Georg Meyer, Staatsrecht § 207 S. 763. — Fricker, Gesetz und Budget, Tüb. Zeitschrift f. d. ges. Staatswissenschaft 50. Bd., 1894, S. 405 flg.

[1] Laband, Budgetrecht S. 20, s. a. S. 22 u. 35.

Gründe, auf welchen sie beruhen, werden auf das reiflichste erwogen, auch, soweit es nur mit dem Staatswohle vereinbar ist, jederzeit berücksichtigt werden."

Sollte aber der Fall eintreten, daß diese Anträge „unannehmbar befunden würden", so ist dies den Ständen zu eröffnen, und es muß ihnen das Budget zur anderweiten Beratung vorgelegt werden (§ 103 Abs. 2 VU.). Die Kammern haben sich dann also aufs neue über die Bewilligung des Etats schlüssig zu machen. Dabei brauchen sie aber nur über das Budget im ganzen zu beraten und abzustimmen, da sie sich mit den Einzelheiten ja schon bei der ersten Beratung eingehend befaßt haben. Ein Eindringen in diese bleibt ihnen jedoch unverwehrt. Die Möglichkeit, daß die Kammern die Annahme des Etats abermals ablehnen könnten, erschwert § 103 Abs. 5 VU. durch die Bestimmung, daß die Bewilligung nur dann als abgelehnt betrachtet werden soll,

„wenn in einer der beiden Kammern mindestens zwei Dritteile der Anwesenden für die Ablehnung gestimmt haben".

Wenn jedoch die Stände mit dieser Zweidrittelmehrheit die Bewilligung „in der verlangten Maße" abermals ablehnen sollten, so

„läßt der König die Auflagen für den notwendigen Staatsbedarf, insofern sie nicht ausdrücklich nur für einen vorübergehenden, bereits erreichten Zweck bestimmt sind, nach Ablauf der Bewilligungszeit durch die oberste Staatsbehörde mittels einer in das Gesetz- und Verordnungsblatt aufzunehmenden Verordnung auf ein Jahr ausschreiben und erheben" (§ 103 Abs. 2 VU.).

Es ist zu beachten, daß sich nach der Verfassungsurkunde diese Ausschreibung nur auf den notwendigen Staatsbedarf erstreckt. Eine Unterscheidung zwischen rechtlicher und tatsächlicher Notwendigkeit ist aber nicht gemacht und auch nicht in das Gesetz hineinzulegen; die Vorschrift umfaßt beide Arten.[1] Weiter dürfen nur solche Auflagen ausgeschrieben und erhoben werden, die nicht ausdrücklich für einen vorübergehenden, bereits erreichten Zweck bestimmt sind. Diese Beschränkung ist selbstverständlich

[1] Fricker, S. Staatsrecht S. 235.

und bedurfte gar nicht der Erwähnung. Welche Regierung würde auch die Verantwortung für die nochmalige Erhebung derartiger Auflagen übernehmen? In dem Ausschreiben ist die Regierung an die bestehenden Steuern gebunden.[1] Die Verfassungsurkunde sagt dies nicht ausdrücklich, aber es folgt aus § 37 VU. Für die Ausschreibung einer neuen Steuer würde das erforderliche Steuergesetz fehlen. Das verlängerte Ausschreiben des § 103 VU. vertritt nur das Finanzgesetz. Dagegen ist es der Regierung unbenommen, die bestehenden Steuern nach Bedarf zu erhöhen oder herabzusetzen, allerdings unter Beobachtung der Vorschriften des Gesetzes vom 3. Juli 1878, die wir oben betrachtet haben.[2] § 103 Abs. 3 VU. bestimmt weiter:

> „In dem zu erlassenden Ausschreiben wird der besonderen Natur desselben gedacht und Beziehung auf diesen Paragraphen des Gesetzes genommen."

Da es aber nur für ein Jahr Gültigkeit hat, muß baldmöglichst eine Verständigung mit den Ständen herbeigeführt werden. Darum hat der König spätestens sechs Monate vor Ablauf der Jahresfrist einen „anderweiten Landtag" einzuberufen (§ 103 Abs. 4 VU.). Es entsteht die Frage, ob dieser Landtag ein neuer sein muß und mithin der alte beim Scheitern der Einigung über das Budget aufzulösen ist. Von den Mitgliedern der alten Kammern steht ja kaum zu erwarten, daß sie nach halbjähriger oder kürzerer Frist anderer Meinung geworden sein sollten. Aber die Verfassungsurkunde gibt für die Berechtigung dieser Auslegung keinen Anhalt. Die Ausgaben und Einnahmen des Staates unter der Herrschaft des verlängerten Ausschreibens müssen diesem Landtage zur Bewilligung vorgelegt werden. Denn wenn auch nur die Auflagen für den Staatsbedarf ausgeschrieben werden, so läßt sich doch der Bedarf nur aus einer Vergleichung von Ausgaben und Einnahmen ermitteln. Die Zustimmung zu den notwendigen Auflagen dürfen die Stände nicht versagen. Denn der König war zu deren Ausschreibung auf Grund von § 103

[1] Andrer Meinung Opitz II S. 124; Löbe, Staatshaushalt S. 42. — Vgl. oben §§ 11 u. 12. — Vgl. a. Landtagsakten 1850/51, Beilagen z. II. Abteilg. 1. Bd. S. 321 flg.

[2] Vgl. oben § 15.

Abs. 2 VU. ermächtigt. Dagegen steht dem Landtage das Recht zu, die Frage der Notwendigkeit dieser Auflagen zu prüfen.[1] Mit den Ständen ist ferner das Budget zu vereinbaren, um deswillen der Streit zwischen Regierung und Kammern entstanden war. Ist eine Verständigung darüber aber wiederum nicht zu erzielen, so darf die Regierung nicht zu demselben Aushilfsmittel aus § 103 VU. greifen und vermöge eines neuen Königlichen Ausschreibens sich den notwendigen Staatsbedarf abermals für ein Jahr verschaffen.[2] Denn auf diese Weise könnte sie das Budgetrecht der Stände gänzlich aufheben und wirkungslos machen. Der Gedanke der Verfassungsurkunde ist vielleicht der, daß, wenn die Stände abermals auf ihren alten Forderungen bestehen sollten, die Regierung solch ernstem Beharren nachgeben möge. Hält sie es aber für ihre Pflicht, ihren Standpunkt zu behaupten, so versagen die Vorschriften der Verfassungsurkunde.

Das sächsische Staatsgrundgesetz hat ebensowenig den Fall vorgesehen, daß eine Einigung der Kammern untereinander nicht zustande kommt. Es ist möglich, daß nach Vorlegung des Budgets trotz des von der Verfassungsurkunde angeordneten Vereinigungsverfahrens ein gemeinsamer Ständebeschluß nicht zu erzielen ist. § 103 VU. greift nur ein, wenn sich die Stände mit der Regierung nicht verständigen; aber auch zwischen beiden Kammern ist eine Einigung notwendig, wenn das Budget verabschiedet werden soll. Das Vereinigungsverfahren ein zweites Mal einzuleiten, ist nach dem Grundgesetz nicht zulässig. Als Ausweg bliebe noch die Möglichkeit, die zweite Kammer aufzulösen und von der neuen eine Verständigung mit der ersten zu erwarten. Aber auch dieses Mittel kann fehlschlagen.

So sind sehr wohl Fälle denkbar, in denen es an einem zwischen Regierung und Landtag vereinbarten Budget fehlt. Die Rechtslage ist dann nach folgenden Grundsätzen zu beurteilen.

---

[1] Fricker, S. Staatsrecht S. 235.

[2] So auch Opitz II S. 125; Bülau, Verfassung und Verwaltung des Königr. Sachsen S. 217 Anm. 9. — Vgl. Fricker, Natur der Steuerverwilligung, Tüb. Zeitschr. f. d. ges. Staatswissensch. 17. Bd., 1861, S. 691, 692; Prazak, Beitr. zum Budgetrecht. Archiv f. ö. Recht 2. Bd., 1887, S. 477 Anm. 28.

Die Regierung führt die Finanzverwaltung ohne bewilligten Etat fort. Sie trägt aber dafür die volle Verantwortung. Der Zustand der Budgetlosigkeit befreit sie keineswegs von ihrer Pflicht zur Rechnungslegung und von der ständischen Kontrolle. Doch gestaltet sich die Wirtschaftsführung und die Verantwortlichkeit etwas anders als im normalen Zustande. Alle Ausgaben, die auf gesetzlicher Grundlage beruhen, kann die Regierung machen. Sie trägt für deren Gesetzmäßigkeit und, soweit die Höhe gesetzlich nicht bestimmt ist, auch für deren Angemessenheit die Verantwortung. Aber die Stände dürfen ihr für gesetzliche und angemessene Ausgaben die Entlastung nicht versagen. Macht sie über diesen Rahmen hinaus Ausgaben, die sich als rechtlich oder tatsächlich notwendig herausstellen, so muß sie den Kammern auch diese Notwendigkeit beweisen, kann aber, falls ihr dies gelingt, insoweit Befreiung von ihrer Verantwortungslast verlangen. Andere als gesetzliche und notwendige Ausgaben würden dagegen solchen Etatposten entsprechen, denen die Stände völlig frei in ihrer Bewilligung gegenüberstehen. Daher können die Kammern die Entlastung für solche willkürliche Ausgaben beliebig erteilen oder versagen. Im letzten Falle muß sich die Regierung für diese Ausgaben Indemnität erbitten. Doch bleibt ihre Verantwortlichkeit auch in diesem Falle nur eine staatsrechtliche, sie ist keineswegs eine zivil- oder strafrechtliche der höchsten Organe der Regierungsgewalt.[1]

Von den Einnahmen darf die Regierung die fortbeziehen, zu denen sie die Genehmigung der Stände nicht braucht. Sie darf also nicht Veräußerungen des Staatsvermögens vornehmen oder Anleihen machen. Dagegen bezieht sie die Einnahmen, die ihr auf Grund von Gesetzen zustehen. Hier müssen wir aber der Landesabgaben besonders gedenken. Wie wir bereits gesehen haben, beruhen die Steuern in Sachsen sowohl auf den Steuergesetzen als auch auf dem Finanzgesetze. Es ist fast selbstverständlich, daß mit dem Scheitern einer Einiguug über das Budget auch das Finanzgesetz nicht verabschiedet wird. Es wäre widersinnig, wenn die Stände im Finanzgesetz Deckungen

---

[1] G. Meyer, D. Staatsrecht § 207 S. 763.

für einen Etat bewilligen sollten, den sie nicht genehmigen. Durch das Fehlen des Finanzgesetzes treten zwar die Steuergesetze nicht außer Kraft. Aber zur Erhebung der Steuern würde es in diesem Falle der einen gesetzlichen Grundlage ermangeln. Da nun Steuern erhoben werden müssen, ohne die die Führung der Staatswirtschaft nach heutigen Begriffen undenkbar ist, so bedürfte die Regierung für die Erhebung beim Mangel eines Finanzgesetzes der Indemnität der Volksvertretung. Aber nicht nur dieses. Auch der Einhebung selbst könnten sich unüberwindliche Schwierigkeiten in den Weg stellen, da nach § 104 VU. die Einnehmer alsdann keine Berechtigung zur Einforderung hätten und die Untertanen nicht zur Entrichtung verbunden wären. Über diese Berechtigung und Verpflichtung aber würde im Falle eines Streites der ordentliche Richter entscheiden müssen.

Damit ist die Regierung in Sachsen im Falle eines Budgetstreites tatsächlich schlechter gestellt, als sie es z. B. in Preußen oder im Reiche sein würde, wo der Erhebung der wichtigsten Einnahmen nicht derartige gesetzliche Hindernisse entgegenstehen würden. Vielleicht aber haben solche Schwierigkeiten insofern eine gute Wirkung, als sie die Gefahren, die ein längerer Zustand der Budgetlosigkeit für das Wohl und Gedeihen des Staates zweifellos in sich birgt, nahezu in den Bereich der Unmöglichkeit legen. Wenn es sich irgend mit dem Staatswohle vereinigen läßt, wird die Regierung in einem Streitfalle über das Budget lieber eine Verständigung mit den Kammern suchen, als daß sie die Last der Verantwortung für eine Verwaltung ohne vereinbartes Budget auf sich nimmt.[1]

---

[1] Vgl. Fricker, Gesetz und Budget, Tüb. Zeitschr. f. d. ges. Staatswissensch. 50. Bd. S. 408.

Siebentes Kapitel.

Besondere finanzielle Ermächtigungen.

§ 28.

I. Die Auflösung des Landtags vor der Bewilligung des Budgets.

Die Verfassungsurkunde hat den Fall, daß eine Vereinbarung über das Budget nicht zustandekommt, weil der Landtag vor der Bewilligung aufgelöst wird, vorgesehen und in § 103 ähnlich geregelt, wie die Budgetlosigkeit infolge einer Ablehnung des Voranschlags durch die Stände. Als Hilfsmittel will sie auch hier das Königliche Ausschreiben angewendet wissen.

Wird der Landtag aufgelöst, noch bevor er seine verfassungsmäßige Zustimmung zu dem ihm vorgelegten Etat gegeben hat, so würde unter der Voraussetzung, daß innerhalb des Zeitraumes von der Auflösung an bis zur Genehmigung des Budgets durch den neuen Landtag die Finanzperiode abliefe, ein Zustand der Etatlosigkeit eintreten. Freilich wird er kaum von langer Dauer sein, da gemäß § 116 VU. nach der Auflösung der zweiten Kammer alsbald die Wahlen zur neuen ausgeschrieben werden sollen. Aber die Verfassungsurkunde hat doch der Regierung auch für die Zwischenzeit ein gesetzliches Mittel zur Fortführung der Verwaltung an die Hand geben und ihr die Schwierigkeiten einer budgetlosen Weiterführung der Staatsgeschäfte ersparen wollen. Sie trifft darum Vorkehrungen für diesen Fall durch folgende Vorschrift des § 103 Abs. 2 und 3:

> „. . . in dem Falle, wenn der Landtag noch vor erfolgter definitiver Erklärung über die Bewilligung aufgelöst wird, läßt der König die Auflagen für den notwendigen Staatsbedarf, insofern sie nicht ausdrücklich nur für einen vorübergehenden, bereits erreichten Zweck bestimmt sind, nach Ablauf der Bewilligungszeit durch die oberste Staatsbehörde mittels einer in das Gesetz- und Verordnungsblatt aufzunehmenden Verordnung auf ein Jahr ausschreiben und erheben.

In dem zu erlassenden Ausschreiben wird der besonderen Natur desselben gedacht und Beziehung auf diesen Paragraphen des Gesetzes genommen."

Die Bestimmung des § 103 Abs. 4 VU., daß dieses verlängerte Ausschreiben nur auf ein Jahr erlassen werden kann und daß der König längstens sechs Monate vor Ablauf dieser Frist einen anderweiten Landtag einberufen wird, hat auch in unserem Falle zu gelten. Doch wird der letzten Vorschrift unter Umständen die Bestimmung des § 116 Abs. 3 VU. vorgehen, die besagt:

„Im Falle der Auflösung der zweiten Kammer soll die Wahl neuer Abgeordneten zu selbiger und die Einberufung der Stände ebenfalls innerhalb der nächsten sechs Monate erfolgen."

Denn die sechsmonatige Frist nach der Auflösung dürfte leicht früher ablaufen als die sechs Monate vor Schluß des Jahres, für das das Ausschreiben des § 103 VU. Geltung besitzt.

Wie schon im vorigen Kapitel bemerkt wurde, tritt das „verlängerte Ausschreiben" an die Stelle des fehlenden Finanzgesetzes und sichert der Regierung die Einkünfte aus den Steuern. Im übrigen führt diese die Finanzverwaltung wie bei einem genehmigten Budget fort unter der bereits gekennzeichneten Verantwortlichkeit. Dem neuen Landtag muß der Etat alsbald vorgelegt werden. Er darf seine Zustimmung zu dem „notwendigen Staatsbedarf" nicht versagen.

Der Grund für die Auflösung der zweiten Kammer braucht nicht in einer Meinungsverschiedenheit zwischen Regierung und Landtag über das Budget zu liegen, aber er kann es. Da nun dem Könige nach § 116 VU. das Recht zusteht, die zweite Kammer, so oft ihm beliebt und aus welchem Grunde er will, aufzulösen, so ist damit allerdings der Regierung gesetzlich die Macht gegeben, für längere Zeit durch wiederholte Auflösungen der Kammer und erneute verlängerte Ausschreiben ohne Budget die Verwaltung zu führen.

§ 29.

2. Verspätete Verabschiedung des Budgets.

Die Verfassungsänderung, die das Gesetz vom 5. Mai 1851 brachte, hat zu den besprochenen Maßregeln, die dem Zustande einer Budgetlosigkeit vorbeugen sollen, noch eine hinzugefügt für den Fall einer verspäteten oder verzögerten Bewilligung des Budgets. Ein Streit zwischen Regierung und Ständen über das Budget, der zur Auflösung der zweiten Kammer immerhin der Anlaß sein kann, ist hier nicht vorausgesetzt.

§ 6 des Gesetzes vom 5. Mai 1851 bestimmt:

> „Geht die Bewilligungsfrist noch vor erfolgter neuer Bewilligung zu Ende, ohne daß einer der § 5[1] vorgesehenen Fälle eingetreten und ohne daß von der Staatsregierung die Einberufung der Stände oder die Vorlage des Budgets gegen die Bestimmungen § 3[2] dieses Gesetzes und § 115[3] der Verfassungsurkunde verzögert worden ist, so werden die bestehenden Steuern und Abgaben noch auf ein Jahr vorbehältlich der Bewilligung des Ausgabebudgets in der bisherigen Weise forterhoben."

Die Regierung hatte diese Gesetzesvorschrift für notwendig gehalten, da der Landtag, wie auch heute noch, erst gegen Ende des Jahres einberufen ward und in der kurzen Frist bis zum Ablauf der Finanzperiode das Budget nicht mehr zustande kam. Man hatte darum regelmäßig provisorische Steuerausschreiben mit Genehmigung der Stände erlassen. Auf Grund des angeführten § 6 des Gesetzes vom 5. Mai 1851 konnte nun die Regierung „die bestehenden Steuern und Abgaben noch auf ein Jahr vorbehältlich der Bewilligung des Ausgabebudgets in der bisherigen Weise forterheben." Allein war der § 6 bereits bei seiner Vorlegung im Landtage 1850/51 vielem Widerspruch begegnet,[4] so mehrte sich dieser noch in der Folgezeit, und er

---

[1] Vgl. oben §§ 27 u. 28; VU. § 103.

[2] Vgl. oben § 16; VU. § 98.

[3] § 115 Abs. 1 VU.: „Der König wird längstens alle zwei Jahre einen ordentlichen Landtag einberufen und außerordentliche, so oft es Gesetzgebungs- oder andere dringende Angelegenheiten erfordern."

[4] Landtagsakten 1850/51. Fricker, Verfassungsges. S. 88 flg.

führte 1857/58 zu einem Antrage der Stände auf eine Verfassungsänderung betreffs der provisorischen Steuerausschreiben. Die Regierung brachte darum im folgenden Landtag einen Gesetzentwurf ein, der im wesentlichen von den Ständen gebilligt wurde. Es sind die §§ 1 und 2 des Gesetzes vom 27. November 1860, die an Stelle des erwähnten § 6 folgende Bestimmungen treten lassen:

> „§ 1. Geht die Bewilligungsfrist vor erfolgter neuer Bewilligung zu Ende, ohne daß einer der im § 5[1] des Gesetzes vom 5. Mai 1851 vorgesehenen Fälle eingetreten und ohne daß von der Staatsregierung die Vorlage des Budgets gegen die Bestimmung § 3[2] des vorgedachten Gesetzes verzögert worden ist, so werden die bestehenden Steuern und Abgaben, insofern sie nicht ausdrücklich nur für einen vorübergehenden, bereits erreichten Zweck bestimmt sind, noch auf ein Jahr, vorbehältlich der Bewilligung des Ausgabebudgets in der bisherigen Weise forterhoben.
>
> § 2. Diese Forterhebung darf jedoch ohne ständische Zustimmung nur dann erfolgen, wenn außer den § 1 gedachten Voraussetzungen auch noch
>
> a) der Landtag mindestens sieben Wochen vor Ablauf der Bewilligungsfrist einberufen und ihm alsbald nach seiner Eröffnung ein Gesetz über provisorische Forterhebung der Steuern vorgelegt, die Genehmigung dieses Gesetzes aber bis vierzehn Tage vor Ablauf der Bewilligungsfrist entweder verweigert worden oder doch nicht erfolgt ist,
>
> oder aber
>
> b) die Verhältnisse eine rechtzeitige Einberufung oder den Zusammentritt der Kammern durchaus unmöglich machen, welche Unmöglichkeit vor den Kammern nachträglich zu rechtfertigen ist."

In diesen beiden Gesetzesvorschriften ist also im Gegensatz zu der erwähnten früheren Bestimmung grundsätzlich angeordnet, daß auch eine provisorische Forterhebung der Steuern nur mit

---

[1] Vgl. S. 100 Anm. 1. [2] Vgl. S. 100 Anm. 2.

Genehmigung der Stände erfolgen darf. Eine Abweichung von dieser Regel ist nur unter folgenden Voraussetzungen statthaft:

1. Es handelt sich allein um solche bestehende Steuern und Abgaben, die nicht ausdrücklich nur für einen vorübergehenden, bereits erreichten Zweck bestimmt sind.

2. Die Forterhebung kann nur „in der bisherigen Weise" geschehen. Eine Erhöhung oder Herabsetzung der bestehenden Steuersätze ist also ausgeschlossen.[1]

3. Nur auf die Dauer eines Jahres können die Steuern und Abgaben forterhoben werden.

4. Der Mangel der ständischen Zustimmung ist kein dauernder. Diese muß vielmehr nachgeholt werden, und darum ergeht die provisorische Steuererhebung unter Vorbehalt der Bewilligung des Ausgabebudgets.

5. Mindestens sieben Wochen vor Ablauf der Bewilligungsfrist, also vor Ablauf derjenigen Finanzperiode, für die das letzte bewilligte Budget galt, muß der Landtag einberufen und ihm alsbald nach seiner Eröffnung ein Gesetz über die provisorische Forterhebung der Steuern vorgelegt worden sein.

6. Diesem Gesetze ist bis vierzehn Tage vor Ablauf der Bewilligungsfrist die Genehmigung entweder vom Landtage verweigert worden oder sie ist doch nicht erfolgt.

7. Ohne die Voraussetzungen unter 5 und 6 würde die provisorische Forterhebung nur dann gerechtfertigt sein, wenn die Verhältnisse eine rechtzeitige Einberufung oder den Zusammentritt der Kammern durchaus unmöglich machen. Allein die Beurteilung, ob solche Unmöglichkeit vorliegt, steht nur einstweilen bei der Regierung. Denn diese muß sie nachträglich vor den Kammern rechtfertigen.

Erst wenn diese Voraussetzungen erfüllt sind, kann die Regierung zu einer provisorischen Forterhebung der Steuern ohne ständische Zustimmung verschreiten. Der Fall wird unter diesen Umständen kaum einmal praktisch werden. Aber man ersieht aus diesen Bestimmungen die Festigkeit und Stärke des ständischen Budgetbewilligungsrechts, an dessen Ausübung die Kammern auch

---

[1] Opitz II S. 125. — Löbe, Staatshaushalt S. 43.

nicht hinsichtlich eines provisorischen Steuerausschreibens behindert sein sollen. Nur im alleräußersten Falle darf die Regierung ohne sie vorgehen, aber auch dann immer vorbehältlich der Bewilligung des Ausgabebudgets und unter nachträglicher Rechtfertigung ihres eigenmächtigen Vorgehens.

Unter „Ausgabebudget“ ist zweifellos der Etat der nächstfolgenden Finanzperiode zu verstehen, der eben nicht rechtzeitig verabschiedet werden konnte. Natürlich ist den Ständen das ganze Budget vorzulegen, nicht etwa bloß der Teil, der die Ausgaben enthält.[1] Für das Jahr, für das das provisorische Steuerausschreiben gilt, bezieht also die Regierung außer den übrigen Einnahmen die Steuern und Abgaben in der bisherigen Weise fort. Das Ausschreiben ersetzt wieder das fehlende Finanzgesetz.[2] Der Unterschied zu einem gewöhnlichen Budget liegt dann nur darin, daß es sich für jenes um eine nachträgliche Bewilligung der Ausgaben handelt, die von Erlaß des provisorischen Ausschreibens bis zur Genehmigung des Etats gemacht wurden.

Die Regierung wird sich in diesen Ausgaben am besten an das Budget der Vorperiode halten, deren Steuereinnahmen ja auch dieselben bleiben sollen. Doch kann man diesen Umstand nicht als Argument dafür anführen, daß das Ausgabebudget des Voretats als Normalbudget zu gelten habe und die Regierung insbesondere zur Erhöhung einzelner Ausgabeposten nicht befugt sei. Das Gesetz weiß von dieser Beschränkung nichts. Im Gegenteil kann man aus dem Fehlen eines Hinweises auf den notwendigen Staatsbedarf in § 1 d. Ges. vom 27. November 1860 darauf schließen, daß eine Einschränkung der Regierung hinsichtlich der Ausgaben, wie dies in § 103 VU. geschieht, hier nicht gewollt ist.[3] Von ihrer Verantwortlichkeit aber ist die Regierung nicht befreit. Es greifen hier dieselben Grundsätze Platz, die wir bei der Erörterung der ständischen Kontrolle gefunden haben.

---

[1] Opitz II S. 125.

[2] In der Praxis bildet das provisorische Finanzgesetz die Regel, da die Einberufung des Landtags immer erst kurz vor Ablauf der Finanzperiode zu erfolgen pflegt, die Beratung des Budgets aber gewöhnlich eine beträchtliche Zeit in Anspruch nimmt. Vgl. Opitz II S. 126 Anm. 12.

[3] Andrer Meinung Löbe, Staatshaushalt S. 43.

§ 30.

3. Schleunige finanzielle Maßregeln.

Wie in den vorangehenden Abschnitten gezeigt wurde, ist die sächsische Verfassungsurkunde reich an Bestimmungen, die eine ruhige Fortdauer des staatlichen Finanzlebens durch Vorkehrungen für künftige, mögliche Verwicklungen gewährleisten sollen. In diesem Sinne ist auch die letzte besondere finanzielle Ermächtigung zu verstehen, die wir noch zu erörtern haben. Ein Budgetstreit ist auch hier nicht vorausgesetzt. Im Unterschied zu den vorher besprochenen Maßregeln bezieht sich diese nicht auf das Budget im ganzen.

§ 105 Abs. 2 und 3 VU. bestimmt:

> „Wenn in außerordentlichen, dringenden und unvorhergesehenen Fällen schleunige finanzielle Maßregeln erfordert werden, zu welchen an sich die Zustimmung der Stände notwendig ist, so ist eine außerordentliche Ständeversammlung einzuberufen.
>
> Sollten jedoch die Verhältnisse eine rechtzeitige Einberufung oder auch den Zusammentritt der Kammern durchaus unmöglich machen, so darf der König unter Verantwortlichkeit der ihn hierbei beratenden Vorstände der Ministerialdepartements das zur Deckung des außerordentlichen Bedürfnisses unumgänglich Nötige provisorisch verfügen, auch erforderlichenfalls ausnahmsweise ein Anlehn aufnehmen; es sind aber die getroffenen Maßregeln sobald als irgend möglich der Ständeversammlung und spätestens bei dem nächsten ordentlichen Landtage vorzulegen, um deren verfassungsmäßige Genehmigung zu bewirken, auch ist selbiger über die Verwendung der erforderlich gewesenen Summen Nachweisung zu geben."

Die Vorschrift geht ersichtlich darauf aus, den Anwendungsfall dieser schleunigen finanziellen Maßregeln auf ein Mindestmaß zu beschränken, um auch hier den Ständen ihr Recht an der Gestaltung des staatlichen Finanzwesens nach Möglichkeit zu wahren. Daß diese schleunigen Verfügungen immer nur unter Vorbehalt der nachträglichen ständischen Genehmigung ergehen, besagt ihre

Natur als Provisorien. „Sobald als möglich“ muß zu den Ausgaben und Einnahmen, die infolge solcher Maßregeln gemacht wurden, die Zustimmung der Kammern eingeholt werden.

In der Wahl der finanziellen Mittel für die schleunigen Verfügungen ist die Regierung durch die Verfassungsurkunde nicht beschränkt. Sie kann sie sich durch Steuern, Anleihen oder auch Veräußerung von Teilen des Verwaltungsgutes verschaffen. Ja, der König darf in solchem Falle auch Teile des Königlichen Hausfideikommisses bis zur Höhe von einer Million Talern verpfänden, wozu sonst die Einwilligung der Stände erforderlich ist.[1]

§ 31.

Schlußwort.

Den budgetrechtlichen Bestimmungen der sächsischen Verfassungsurkunde hängt ein Hauch des Alten an, der ihnen ein eigenartiges Gepräge verleiht und sich trotz der lebendigen Entwicklung dieser Rechtssätze in einem Zeitraume von mehr als siebzig Jahren nicht verloren hat. Die Anschauungen von der Stellung der Stände im altständischen Staate als einer Machtpartei, die dem Herrscher gleichsam die Wage zu halten habe, und von ihrem Steuerbewilligungsrechte, vermöge dessen sie auf die Regierung und deren Maßnahmen bestimmend einwirken und eigene Wünsche durchsetzen konnten, wurzelten zu fest in einem vielhundertjährigen geschichtlichen Boden, als daß sie sich beim Übergange von der ständischen zur konstitutionellen Staatsform mit einem Schlage hätten umwandeln können. Sie beherrschten die Verfassungsurkunde von 1831 vollständig. Nur ganz allmählich vollzog sich der Umschwung. Das alte Kleid der budgetrechtlichen Verfassungsbestimmungen gibt mit seinen zahlreichen Ausbesserungen und Flicken ein deutliches Bild davon, wie man sich bemüht hat, den konstitutionellen Begriffen des Staatsrechts und des Budgetrechts insbesondere gerecht zu werden. Es galt, den falschen Gedanken von der Zweiheit der staatlichen Macht zu überwinden und den höheren Standpunkt zu gewinnen, wonach

[1] Opitz II S. 127. — Löbe, Staatshaushalt S. 12. — § 20 Abs. 5 VU.

die Volksvertretung mitberufen ist, die Staatsaufgaben zu erfüllen, nicht aber den Zweck hat, die Regierung bei der Lösung dieser Aufgaben anzutreiben oder zu hemmen.

Wie wir dargetan haben, ist der Verfassungsurkunde auf dem Gebiete des Budgetrechts dieser bedeutsame Fortschritt gelungen. In dem Ersatz des „Steuerbewilligungsrechts“ durch das „Budgetrecht“ kommt er deutlich zum Ausdruck. Jenem ist die Bewilligung als ein Recht der Stände wesentlich, dieses schließt ein Zusammenwirken von Regierung und Volksvertretung in sich.

Die Annäherung an die Rechte der beiden größten deutschen Staaten, die sich mit dieser Entwicklung zugleich vollzogen hat, besagt zunächst nichts weiter, als daß die Verfassungen dieser Staaten wesentlich früher als die sächsische jenen richtigen Standpunkt in der Auffassung der Stellung der Volksvertretung zum Budgetrechte gewonnen haben. Aber vielleicht darf man darin auch eine Richtungslinie für die weitere Entwicklung der Staatsrechte der größeren deutschen Staaten überhaupt erkennen. Eine Vereinheitlichung der Staatsrechte der deutschen Gliedstaaten in den Hauptzügen wäre bei aller Wahrung eigenartiger und besonderen Verhältnissen angepaßter Gestaltungen denkbar und dem Reichsgedanken förderlich.

Literaturverzeichnis.

BROCKHAUS, Art. Staatshaushalt in STENGELS Wörterbuch des Verwaltungsrechts 2. Bd. S. 471 flg. Freiburg 1890.

BÜLAU, Darstellung der Verfassung und Verwaltung des Königreichs Sachsen 1. Teil, 1833.

VAN CALKER, Das badische Budgetrecht in seinen Grundzügen 1. Teil. Tübingen u. Leipzig 1901.

FRICKER, Die Natur der Steuerverwilligung und des Finanzgesetzes, Tübinger Zeitschrift für die gesamte Staatswissenschaft 17. Bd. 1861, S. 636 flg.

— Grundriß des Staatsrechts des Königr. Sachsen. Leipzig 1891.

— Gesetz und Budget, Tübinger Zeitschrift für die gesamte Staatswissenschaft 50. Bd. 1894, S. 381 flg.

— Die Verfassungsgesetze des Königr. Sachsen. Leipzig 1895.

GEORGI, Der Staatshaushalt des Königr. Sachsen seit dem Jahre 1880. Leipzig 1903.

v. GERBER, Grundzüge des Deutschen Staatsrechts 3. Aufl. Leipzig 1880.

GNEIST, Gesetz und Budget. Berlin 1879.

HAENEL, Das Gesetz im formellen und materiellen Sinne, Studien zum Deutschen Staatsrecht II, 2. Leipzig 1888.

JELLINEK, Gesetz und Verordnung. Freiburg 1887.

— Art. Budgetrecht im Handwörterbuch der Staatswissenschaften 2. Aufl. 1899, 2. Bd. S. 1164 flg.

LABAND, Das Budgetrecht nach den Bestimmungen der Preußischen Verfassungsurkunde. Berlin 1871.

— Zur Lehre vom Budgetrecht, Archiv für öffentliches Recht 1. Bd. 1885, S. 172 flg.

— Das Staatsrecht des Deutschen Reiches 3. Aufl. Freiburg u. Leipzig 1895.

Landtagsakten und Landtagsmitteilungen, Verhandlungen der Sächsischen Ständekammern 1850/51, 1875/76.

LÖBE, Der Staatshaushalt des Königr. Sachsen. Leipzig 1889.

— Handbuch des Königl. Sächsischen Etat-, Kassen- und Rechnungswesens 2. Aufl. Leipzig 1904.

LEUTHOLD, Das Staatsrecht des Königr. Sachsens, MARQUARDSENS Handbuch des öffentl. Rechts II, 2. Freiburg u. Tübingen 1884.

v. MARTITZ, Über den konstitutionellen Begriff des Gesetzes nach deutschem Staatsrecht, Tübinger Zeitschrift für die gesamte Staatswissenschaft 36. Bd. 1880, S. 207 flg.
MAYER, OTTO, Deutsches Verwaltungsrecht. Leipzig 1895.
MEYER, GEORG, Der Begriff des Gesetzes und die rechtliche Natur des Staatshaushaltsetats, GRÜNHUTS Zeitschrift für das Privat- und öffentl. Recht der Gegenwart 8. Bd. 1881, S. 1 flg.
— Lehrbuch des Deutschen Staatsrechts 6. Aufl. v. ANSCHÜTZ. Leipzig 1905.
v. MOHL, Das Staatsrecht des Königr. Württemberg 2. Aufl. Tübingen 1840.
OPITZ, Das Staatsrecht des Königr. Sachsen. Leipzig 1887.
PFIZER, Das Recht der Steuerbewilligung nach den Grundsätzen der württembergischen Verfassung. Stuttgart 1836.
PRAZAK, Beiträge zum Budgetrecht und zur Lehre von den formellen Gesetzen, Archiv für öffentliches Recht 2. Bd. 1887, S. 441 flg.
REHM, Das Budgetrecht des bayerischen Landtags, HIRTHS Annalen des Deutschen Reichs, 1901, S. 641 flg.
v. RÖMER, Staatsrecht und Statistik des Churfürstentums Sachsen und der dabey befindlichen Lande. Halle 1788.
v. RÖNNE, Staatsrecht des Deutschen Reichs 2. Aufl. Leipzig 1876.
SCHULZE, Das Staatsrecht des Königr. Preußen, MARQUARDSENS Handbuch des öffentl. Rechts II, 2. Freiburg u. Tübingen 1884.
SEIDLER, Budget und Budgetrecht im Staatshaushalte der konstitutionellen Monarchie. Wien 1885.
SEYDEL, Bayerisches Staatsrecht 1. Aufl. München 1885.
— Das Budgetrecht des bayerischen Landtages und das Verfassungsverständnis von 1843, Festgabe der Münchener Juristenfakultät zum Doktor-Jubiläum von PLANCK. München 1887.
— Über Budgetrecht, Hamburg 1889, auch in: Deutsche Zeit- und Streitfragen N. F. IV Heft 62.
— Kommentar zur Verfassungsurkunde für das Deutsche Reich 2. Aufl. Leipzig 1897.
WEISSE, Lehrbuch des Königl. Sächsischen Staatsrechts. Leipzig 1827.
v. WITZLEBEN, Entstehung der konstitutionellen Verfassung des Königreichs Sachsen. Leipzig 1881.
ZELLER, Art. Staatsrechnungswesen in STENGELS Wörterbuch des Deutschen Verwaltungsrechts 2. Bd. S. 502 flg. Freiburg 1890.
ZÖPFL, Grundsätze des gemeinen deutschen Staatsrechts 5. Aufl. Leipzig 1863.
ZORN, Gesetz, Verordnung, Budget, Staatsvertrag, HIRTHS Annalen des Deutschen Reichs 1889, S. 344 flg.

Druck von Metzger & Wittig in Leipzig.

FSC
www.fsc.org
MIX
Papier | Fördert gute Waldnutzung
FSC® C083411

Kolibri 360 GmbH
Ferdinand-Jühlke-Straße 7
99095 Erfurt, Deutschland
produktsicherheit@kolibri360.de